KB212579

한국고속철도,
KTX
탄생의 여정

레 일 위 의 꿈 , 현 실 이 되 다 !

한국고속철도,
KTX
탄생의 여정

김세호 지음

대림북스

국토교통 분야의 공직에 평생을 헌신한 저자가 20여 년에 걸친 고속철도 건설사업의 준비 과정에 관한 저작을 발간하게 되어 기쁜 마음입니다.

저자는 고속철도사업의 태동기부터 국가 정책으로 확정되기까지 각 시대적 배경과 사실을 객관적으로 중빙을 갖추어 기술하였기에 우리나라의 산업사에도 귀중한 사료적 가치를 지니게 될 것입니다.

공직자가 주요 정책과 사업에 대하여 그 경과를 기록으로 남기는 일은 우리나라에서는 흔치 않은 일이지만 꼭 필요한 덕목입니다. 주요 국가 정책의 수립과 시행 과정에서 시행착오를 줄이고 사업을 성공적으로 이끌 수 있는 본보기가 되기 때문이지요.

저자가 이 책 말미에 지적한 철도건설과 운영의 '상·하 분리 정책' 문제점과 아직도 미완의 상태인 고속철도의 보완해야 할 점을 눈여겨봅니다. 또한 '남북종단고속철도' 건설에 대한 제안은 저자의 국가에 대한 깊은 애정과 혜안에 경의를 표합니다.

이 책이 국토를 아끼고 미래의 발전에 희망을 거는 많은 사람, 특히 공직자와 전문가들에게 널리 읽히기를 바랍니다.

강동석 **전 건설교통부 장관**

마침내 KTX의 진정한 역사를 만나다

저자인 김세호 전 차관과의 인연은 20여 년 전으로 거슬러 올라간다. 건설교통부(현 국토교통부)를 출입하며 교통 분야 취재를 담당하게 된 시절, 신공항건설기획단장이었던 김 전 차관을 처음 만났다. 안팎으로 능력이 출중하고, 추진력이 강하다는 평가가 높았다. 아니나 다를까, 김 전 차관은 많은 고비를 넘기면서 2001년 3월 29일 인천국제공항의 성공적인 개항을 이끌었다. 비슷한 시기 문을 열었던 외국의 신공항들이 각종 오류로 실패를 겪었던 걸 비교하면 대단한 성과였다.

김 전 차관은 3년 뒤에는 철도청장으로서 단군 이래 최대 국책사업이라는 경부고속철도(KTX)의 개통을 진두지휘했다. 우여곡절도 많았지만 모두 극복하며, 2004년 4월 1일 우리나라를 세계 다섯 번째의 고속철도 운영 국가로 발돋움하게 했다. 직전까지 시속 150km의 새마을호가 가장 빠른 열차이던 시절에서 시속 300km로 총알처럼 달리는 고속열차 시대로 '퀀텀 점프'한 셈이었다.

이 같은 과정을 줄곧 지켜보면서, 공직자로서 평생 한 번 해보기도 힘든 대형 국책사업을 두 번이나 성공적으로 완수했으니 김 전 차관은 아무런 아쉬움도 없을 거라는 생각을 한 적이 있다. 하지만 시간이 흐르면서 김 전 차관에게는 진한 안타까움과 함께 꼭 풀어야 할 숙제가 있다는 사실을 알게 됐다. 바로 우리나라가 고속철도 사업을 본격적으로 추진하게 된 계기와 정책 결정 과정, 그리고 이를 둘러싼 갈등과 고뇌를 정확하고 진술하게 정리한 기록물이 없다는 점이었다. 부분적으로 사업에 관여했던 인사들이 자신들의 눈높이에서 단편적으로 언급한 기록들이 전부였기 때문이다.

그런데 드디어 진정한 KTX의 역사를 만나게 됐다. 김 전 차관이 기어코 숙제를 해낸 것이다. 이 책에는 사업 결정 및 추진 과정에 직접 관여하고 힘썼던 당사자가 아니면 알 수 없는, 세세하고 현장감 넘치는 내용과 기록들이 가득하다. 국책사업에 관심 있는 이들에게는 더할 나위 없는 교과서다. 또 우리 철도산업의 현재를 진단하고, 앞으로 가야 할 방향까지 제시한 에필로그는 가히 이 책의 보너스이자 '백미'다.

강갑생 **중앙일보 교통전문기자**

함께 일해본 김세호 사무관

이 글은 한 사람의 역량이 역사를 바꿀 수 있다는 현장을 가까이서 지켜본 입장에서 살펴본 과정을 기술하고자 한다.

필자는 1987년 교통부 수송조정과에 발령을 받고 김세호 사무관과 한 팀이 되었다. 주요 업무는 고속전철과 88 서울 올림픽 지원을 위한 수송 대책 등 다른 부서에 속하지 않는 대외적인 모든 업무였다.

당시 고속전철계획은 교통부 업무보고 등에 추진계획을 담고 있었으나 실무적인 검토자료는 전무하다시피 했다. 다행히 'IBRD, 경부고속전철 타당성 조사(1983년 3월~1984년 11월)' 보고서가 내부에 있었으나 고속전철에 대한 실무적인 개념을 정리하고 사업추진의 세부적인 사항을 준비하는 데는 부족한 부분이 많았다.

이러한 가운데 김 사무관이 동서축에도 균형 발전 차원에서 고속전철 건설이 필요하다고 역설하며 타당성 조사 용역비까지 반영하여 동서고속전철 타당성 용역(1988년 5월~1989년 5월)을 시행하게 되면서, 국내 전문기관과 전문가들이 많이 참여하게 되었다. 여기서 주목할 점은 당시 분위기는 고속전철계획은 타당성 조사는 해보되, 실제 사업 착공까지는 어려울 것이라는 전제가 연구진과 고속전철 전문가그룹 사이에 묵시적인 인식이 있었지만 이에 김세호 사무관은 국내 고속전철 전문가그룹 리스트를 만들고, 이분들을 일일이 만나서 고속전철을 반드시 건설해야 한다는 것을 설파하며 다녔었다는 점이다.

김세호 사무관은 묵시적으로 부정적 생각을 가지고 있는 연구진과 전문가그룹에게 고속전철 건설의 당위성을 주장하며 어려웠지만 이분들과 공감대를 형성해 나갔다. 이후 이들 전문가그룹은 고속전철 추진 과정 곳곳에서 많은 역할을 하는 모습을 볼 수 있었다. 이분들의 동참을 끌어내고 호흡을 맞춘 김세호 사무관의 노력과 역량이 오늘날 고속전철의 밑바탕이 되었다고 생각한다.

고속전철 건설 추진은 언론, 정치권, 시민단체, 학계뿐 아니라 정부 내부의 반발도 만만치 않았다. 고속전철계획은 조직과 예산이 필요하다. 당시 교통부 수송조정과 내부에서 고속전철 업무는 사무관과 주무관 각 1명씩 2명이 담당하고 있었다. 고속전철 업무는 기획 업무를 벗어나 제도적 문제, 기술적 문제, 재원확보 문제, 기술 수용 문제, 대외기관 협력 문제 등 한두 가지가 아니었다. 고속전철을 해보자는 의지만 있었지 구체적 실행계획이 없는 상황에서 늘 커다란 장벽이 앞을 가로막고 있는 것이나 다름없었다.

김세호 사무관이 불철주야 고속전철 업무에 매달리고 있으면 "저 친구는 없는 일을 만들어서 저 고생을 한다"라고 말하는 사람이 여럿이었다. 이러한 이야기를 들어가면서도 이에 굴하지 않고 신념에 바탕을 두고 아래 직원들부터 위의 상사분들까지 설득하면서 고속전철을 추진해야 한다는 소신을 밝히는 모습은 짜릿한 면까지 있었다.

실제 당시 내부 분위기상 소극적으로 대처했다면 고속전철 탄생은 많은 세월이 흐른 후에야 추진되었을 것이다. 거의 사무관 혼자서 고속전철 기획 과정을 도맡아서 내외부의 관계자들을 설득하고 이해시키면서 의사결정을 끌어내는 과정은 선각자의 역할이었다.

고속전철 기획 단계를 지나서 실행 단계에 이르러서는 더 많은 난관에 부딪히게 되었다. 고속전철을 이끌어 갈 조직 구성 과 고속전철 건설 예산 확보 등 현안이 첩첩산중이었고, 특히 고속전철 기술을 도입할 전문기술자가 부족한 현실이었다. 고속 전철사업기획단이 조직되었고, 고속전철 업무 전반을 맡게 되었 으나 고속전철 기술을 도입할 인력이 부족한 상황이었다.

이때 김세호 사무관은 석·박사급으로 이루어진 고속전철 연구진을 대거 선발하여 고속전철 기술 도입에 참여하게 하였 다. 당시 선발했던 우수인력들은 추후 한국철도기술연구원으로 전환 배치되어 우리나라 고속전철 기술 발전에 많은 역할을 하 게 되었다.

한편, 정부 조직인 고속철도사업기획단으로는 고속전철을

이끌어 갈 조직으로는 미약하다는 인식하에 김세호 사무관은 고속철도건설공단 설립을 기획하였고 이 공단이 고속전철 건설에 큰 역할을 하였다.

같이 근무하던 시절에 김세호 사무관은 장·차관님의 영어 통역을 담당하였다. 당시는 사무관이 장·차관님을 직접 만나서 보고하는 체계가 아니어서 고속전철 관련 외국 인사들의 내방이 있을 때면 장·차관께 보고할 고속전철 필요성부터 효과 등 관련 자료를 별도로 준비하여 통역을 하는 기회에 고속전철에 대해 언제든지 언급할 수 있도록 철저히 준비하던 모습이 지금도 눈에 선하다.

위에 기술한 몇 가지 사례는 필자의 관점에서 본 고속전철 건설 과정에서 겪은 당시 분위기였다. 고속전철 기획 단계부터 착공 때까지 한 팀으로 재직하면서 김세호 사무관이 고속전철 기획과 착공 과정에서 언론, 정치권, 전문가, 시민단체, 공직 내부 등 수많은 반대에도 불구하고 이를 논리적으로 하나하나 설득하고, 장·차관 등 윗분들까지 이해시키면서 목표를 향해 매진한 결과, 오늘날 고속전철이 탄생한 것임을 증언으로 남기고 싶다.

김영우 전 국토교통부과장 / 부동산학 박사

고속철도 건설의 숨은 이야기

고속열차 승객, 10억 명을 돌파할 정도로 고속철도는 이미 우리 생활과 경제에 깊숙이 자리 잡은 지 오래다.

고속철도의 경제적 효과는 그동안 여러 경로를 통해 많이 알려져 있지만 오늘의 고속철도가 이토록 당연하게 국민의 편리한 교통수단으로 자리 잡은 데는 눈에 보이지 않게 헌신했던 선각자들이 있었기 때문이다.

그동안 건설 공사지 성격의 자료들은 있었지만 때로는 긴박했고, 때로는 지루했던 고속철도 건설을 국가 정책으로 확정하기까지의 과정이나 일화, 숨은 비사는 사실상 제대로 알려진 바가 없었다. 1981년 당시 교통부에서 공무원 생활을 시작하면서부터, 또 1987년부터 1991년까지는 사무관, 서기관으로 고속철도 정책과 계획 수립 업무를 직접 담당하면서 경부고속철도 건설에 관한 노태우 대통령의 재가와 공식 절차인「고속철도 및 수도권 신공항 건설 추진위원회」결정 과정을 지켜보거나, 직접 기안이나 결재 추진을 하였기에 상대적으로 가장 정확한 사실관계를 알 수 있는 위치에 있었다고 할 수 있다. 그 이후로도 노태우 대통령과 김영삼 대통령 시절 두 차례에 걸친 대통령 비서실 파견근무, 교통부 기획예산 담당관, 건설교통부 투자심사 담당관, 수송정책실장을 지내면서 고속철도 관련 업무를 직·간접적으로 수행하였다. 그리고 2003년 3월부터 2004년 8월까지는 철도청장으로 재임하며 2004년 4월 1일 고속철도 개통 업무를 직접 담당하였기에 누구보다 고속철도 건설 추진 과정을 정확히 안다고 자부한다.

이 글을 쓰게 된 가장 중요한 동기는 우선 고속철도 구상을 논의하게 된 초기 과정부터 건설 착공까지의 과정은 필자도 놀랄 정도로 정확히 아는 사람이 없어 중요한 역할을 했던 분들이 이름조차 거론도 안 되거나, 사실상 부분적이거나 제한적 역할밖에 하지 않은 분들이 엄청난 역할을 한 양 호가호위하는 경우도 있어 언젠가는 사실관계라도 정확히 밝혀야겠다는 생각이 늘 머리를 지배해 왔기 때문이다.

그동안 강의나 세미나, 또는 강연 초청을 받아 가서 고속철도나 인천국제공항 같은 대역사는 결코 어느 한 사람의 역할이나 주장으로 되는 것이 아니고, 그 시절 우리나라의 총체적 역량이 결집될 수 있었기에 가능했던 일이라는 점을 강조하곤 했었다.

고속철도와 같은 메가 프로젝트(Mega Project), 그것도 단군 이래 최대 사업이라고 일컬어졌던 사업은 단순한 건설사업으로 생각되거나, 전문적인 경제성 평가, 기본설계, 실시설계를 거쳐 계획을 수립하고 착공하는, 일견 정형화된 단순한 과정으로 보여질 수 있다. 그러나 실상은 무척 힘들고 지난한 과정이었다는 점을 분명히 하고 싶다. 당시 실무를 직접 담당했기에 하는 하소연 차원이 아니다. 오늘날 고속철도를 이용하는 국민 대다수는 고속철도 건설 과정에서의 극심한 국론 대립이나 부실 공사, 심지어 좌석의 방향 등에 대한 논란뿐만이 아니라, '과연 고속철도가 필요하냐?' '최신의 자기부상열차를 해야지 왜 낡은 바퀴식이냐?' '왜 그렇게 속도에 집착하냐?' 등 지금으로서는 이해가 되지 않는 얼토당토않은 주장들이 난무했었고 고속철도 통과 구간인 천성산의 도롱뇽 보존 문제 등으로 제기된 환경 이슈는 심각한 국론 분열의 양상으로까지 문제가 확대되었었다는 점을 생각하지도 못하고 있다.

급기야는 당시 야당은 대선 과정에서 경부고속철도, 신공항 사업의 전면 중단을 공약 수준에서 언급하였고, 또한 각종 언론은 긍정 보도라고는 눈을 씻고 찾아도 한 줄의 기사도 없을 정도로 부정 일변도의 보도 일색이었다. 심지어 교통을 전공하는 저명한 학자들, 학회까지 반대 일색의 목소리를 내기 바빴던 상황이었다. "우리 수준으로는 할 수 없다." "굳이 빨리 가는 게 뭐 중요하냐?" "경제성이 턱없이 부족하다." "미래를 대비해 자기 부상열차를 건설해야 한다." "그 돈이면 고속도로를 몇 개 더 건설할 수 있다." 등 2004년 4월 1일 고속철도 개통을 전후로 한 정치권, 언론, 전문가, 시민단체 등의 질타는 지금도 가슴을 먹먹하게 만들고 있다. 이런 비난들은 단순한 충고나 조언 수준이 아니라 악의적 비방 수준이었고, 논리적 근거를 전혀 갖추지 못했기에 더욱 가슴에 사무치는 기억으로 남아 있는 것이다.

그동안 많이 망설이다 이 글을 써야겠다고 결심하게 된 이유는 두 가지이다.

첫째는 이러한 거대 역사는 분명 한두 사람의 힘과 노력이 아닌, 우리나라의 국력과 위상, 정부의 여러 기관과 공직자들, 그리고 각 분야의 기업, 전문가들의 역량이 모두 결집되어서 이루어낸 그야말로 국가적 역량이 집대성된 결과이다. 그렇지만 이런 과정에서 이 같은 거대 역사가 이루어질 수 있도록 고비고비마다 중요한 역할을 했던 분들의 노력과 흔적들이 전혀 알려지지 않았거나 잊히는 경우도 있어서 바른 기록을 남겨야 할 필요가 있다는 생각에서이다.

둘째는 그야말로 단군 이래 최대의 역사를, 그것도 우리의 기술 수준이나 재원이 분명한 한계를 가진 상태에서 진행해 나가야 했었기에 많은 시행착오가 분명히 있을 수밖에 없었다. 역사는 반복될 수 있지만 한번 겪은 시행착오를 다시 되풀이하는 것만큼 어리석은 일은 없을 것이다. 막대한 인력, 재원과 역량을 투입한 고속철도라는 거대한 프로젝트를 수행하며 생긴 시행착오는 분명 많은 교훈을 내포하고 있다고 본다. 이러한 교훈들을 소중히 되새겨 같은 과오를 되풀이하지 않는 정도가 아니라, 더 큰 발전을 이룰 수 있는 계기로 삼을 수 있도록 하자는 것이 두 번째 이유이다.

고속철도 건설은 준비 기간만도 기나긴 과정이었기에 한 개인이 모든 걸 되짚어 나가기에는 무리가 있을 수도 있기 때문에 가급적 개인적 판단이나 주관적 오류를 피하기 위해 나름 주의를 기울이며 이 글을 썼다는 점과 책을 집필하는 두 가지 이유에 보다 충실하기 위하여 대상 기간을 고속철도가 착공되는 시점까지로 하여 고속철도 구상이 전개되는 과정, 고속철도 건설 정책이 국가적 프로젝트로 인정되는 과정, 그리고 공사에 착공하기까지의 세 과정으로 나누어 집필했다. 끝으로 이런 과정을 통해 얻을 수 있는 교훈을 앞으로의 국가 발전을 위한 모티브로 삼을 수 있도록 정리하는 순서로 글을 구상하였다.

⟰ 차례

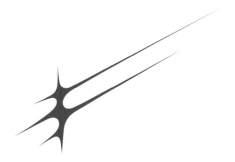

정중동, 10여 년의 와신상담
교통부의 존재 이유(1978~1988)

제1장

김창근 교통부 장관과 KTX   第2장

해외 고속철 현장을 가다   第3장

고속전철 건설 전담 기구 설치와 관련한 우여곡절

대망의 착공까지

Epilogue

정중동,
10여 년의
와신상담

교통부의 존재 이유

(1978~1988)

교통부의
용틀임

새로운 좌표를 설정해야 하는 교통부

대한민국 고속철도의 역사를 논하기 위해서는 우선 1970년대 말과 1980년대 초의 우리나라 교통상황과 이에 관한 정책을 담당하는 당시 교통부(국토교통부의 전신)에 관한 얘기부터 다뤄야 한다. 이를 위해서는 필자가 대학 졸업 후 사회에 첫발을 내디딘 때와 공직 생활을 시작하게 된 과정에 대해 설명해야 한다.

필자가 교통부에 첫발을 내디딘 때는 1981년 말, 24회 행정고시에 합격한 후 대전 중앙공무원 교육원에서의 기초교육 과정과 6개월간의 지방 수습을 끝낸 뒤 중앙부처 수습을 시작하면서부터였다. 당시 고시 출신들이 가장 선호했던 부처는 재무부와 경제기획원이었고, 교통부는 주목받지 못하는 부처였다. 대학 졸업 후 당시 최고 인기 직장이었던 종합상사에서 3년 가까이 근무하면서 많은 보람을 찾았었지만, 상사 생활을 하면서 당시 정부의 역할과 공무원 사회의 역동성을 직접 느끼면서 뜻한 바 있어 1년 남짓한 고시 준비를 거쳐 제24회 행정고시에 합격하여 공직에 입문하게 되었다.

행정고시에 합격한 후 1년간의 수습 과정에서 각자의 가장 큰 고민은 어느 부처에서 일을 하게 될 것이냐였다. 자기 희망도 중요하지만, 연수원 성적, 고시 성적, 군복무 여부 등이 종합적으로 적용되는 것이 부처 선택 과정이다.

종합상사에 근무했던 때 경험을 살려 상공부도 고민했지만 미래 사회에서 뭔가 비전이 많아 보이는 항공·관광 업무를 담당하는 교통부가 개인적으로 호감이 갔다. 그래서 희망 부처를 교통부로 정하고 중앙부처 수습 기간을 교통부에서 시작하게 되었다. 당시는 수출입국을 지향하는 우리 사회의 거대한 변혁의 움직임이 소용돌이칠 때였으나, 교통부의 분위기는 의외로 차분했었다. 세간의 주목을 받는 부처도 아니었고 규모가 큰 부처도 아니었다. 산하에 있던 해운항만청과 철도청의 업무가 오히려 더 규모도 크고 사회의 주목을 받고 있을 정도였다.

전통적으로 교통부 업무의 중심은 고속버스, 시외버스, 시내버스, 택시와 같은 여객 자동차 관련 인허가 업무였다. 거기에 항공과 관광 업무가 추가되어 있는 정도였다. 게다가 점차 기능이 확대되는 지방자치단체의 업무로 상당수 인허가 기능을 이양하는 큰 흐름을 앞두고 있어 중앙부처로서의 권위와 기능을 살려나가는 것이 보이지 않는 큰 도전이자 과제였다고 할 수 있었다.

선진국의 경우 국민 생활, 국가 경제에 가장 큰 역할을 하는 거대한 기능을 가진 부처가 'Ministry of Transportation(교통부)'임에 비해 우리나라의 당시 교통부 기능은 여타 선진국에 비하면 상당히 초라한 수준이었다. 특히 교통 기능의 중요한 한 부분인 도로의 건설, 운영은 당시 건설부가 담당하고 있었기에 교통부의 역할은 더욱 제한적이었다고 할 수밖에 없었다.

당시 상당히 정적이고 차분한 분위기의 교통부였고, 세간의 주목을 받지 못하는 부처였지만 처음 가서 수습기간을 지나 느낀 감정은 상당히 미묘했다고 표현하는 것이 정확할 것이다. 뭔가 역동적인, 큰 정책이나 프로젝트가 없는 상황이었음에도 묘하게 "뭔가를 해보자"라는 움직임 또한 무시할 수 없는 느낌으로 다가왔다는 표현이 정확할 것 같다.

부처 수준을 가늠하는 척도는 아니었지만, 젊은 고시 출신 사무관들이 선호하는 부처도 아니고 고시 출신이 많은 부처도 아니었음에도 고시 출신이 왔다고 상당히 환대해 주면서, 고시 출신 사무관들을 많이 영입해야 한다는 분위기부터 나름 특이하게 느껴졌다.

이런 분위기에서 시작한 교통부는 곧바로 고속철도, 인천공항 같은 단군 이래 최대 국책사업 추진의 산실로서 우리 국민에게, 대한민국에 그 존재를 증명해 보인다.

📍 고속철도 탄생의 실마리, IBRD 철도차관

1970년대부터 시작된 우리나라의 근대화 물결은 1980년대 들어 비약적인 경제성장과 국제화를 이루면서 필연적으로 국내·국제 교통 수요의 폭발적인 증가를 수반하게 되었다. 이로 인하여 당시 우리나라는 대도시 교통난은 물론이고, 수출입 화물의 수송난도 날로 심각해져 국민의 일상생활뿐 아니라 경제의 정상적 운영에도 교통난이 심각한 지장을 초래하는 수준까지 이르게 되었다. 특히 국민 생활에 필수적인 석탄과 전국적인 기간시설 및 주택 건설에 필요한 시멘트의 수송난은 심각한 수준에 이르렀다.

내륙 수송의 근간인 철도 수송은 경부선을 중심으로 거의 모든 구간이 여객은 물론이고, 화물까지 수송 능력을 초과하는 상태였다. 단순한 여객의 불편을 넘어서 경제성장의 걸림돌이 되는 수준에까지 이르렀다.

그럴 수밖에 없는 것이 당시 철도는 일제 강점기에 일본의 대륙 침략을 위한 수단으로 1910년대에 불과 1~2년 사이에 건설된 노선들로 한국전쟁 이후 파괴된 선로들을 복구하고, 1960년대에 시작된 경제개발 5개년 계획의 일환들로 일부 노선의 현대화, 복선화가 이뤄지긴 했다. 그러나 급증하는 수송 수요를 소화하기에는 태부족인 상황이었다. 특히 당시 가정용 난방으로 연탄을 주로 사용하고 있었기에 겨울철 무연탄 수송은 철도 수송에 거의 절대적으로 의존하고 있어서 이미 1970년대 중반부터 경부선, 호남선, 영동선, 중앙선 등의 간선 및 산업철도 전반에 걸쳐 석탄과 시멘트의 철도 수송 개선 방안에 대한 필요성이 시급한 과제로 대두되었었다. 또한 당시 주요 철도 노선인 경부선 철도만 해도 여러 개량 사업을 거쳤지만 가장 빠른 여객 열차인 새마을호가 서울-부산 간 최소 5시간 이상 소요될 정도였다. 더욱이 선로용량은 사실상 설계 수준을 넘는 포화상태로 증가하는 여객과 화물 수송 수요를 감당할 수 없는 수준이었다.

1970년대 고속도로망이 확충되어 자동차 수송이 철도 수송보다 오히려 활기를 띠었지만, 급속한 경제발전의 영향으로 급팽창하는 우리나라의 수송 수요를 감당하기에는 도로, 철도 모두 역부족인 상태였다.

이런 상황에서 새로운 정책 지평을 열어 나가기 위해 노심초사하던 당시 교통부로서는 일본과 프랑스에서 이미 운행 중에 있던 고속철도에 관심을 가지지 않을 수 없었다. 그러나 당시 우리나라의 경제 규모나 기술력, 그리고 교통부의 역량으로는 선진국들도 감히 엄두를 내기 어려웠던 고속철도를 건설하자는 얘기조차 꺼내기 어려웠던 것도 엄연한 사실이었다.

이런 시기에 때맞춰 논의의 실마리를 찾아준 것이 IBRD(국제부흥개발은행)의 차관사업이었다.

그동안 우리나라 경제발전 과정을 평가하는 과정에서 IBRD의 역할이 상당한 기여를 했다고 공통적으로 인정하고 있지만, 우리나라 사회간접자본의 축적에 IBRD의 권고사항이나 정책 방향의 제시가 결정적인 도움이 되었다고 봐야 할 것이다. 특히 우리나라의 경제개발 5개년 계획의 성공적 추진에는 IBRD의 차관이 큰 역할을 했는데, 철도 분야도 1970~1980년대 모두 8차에 걸친 차관사업이 진행됐다.

IBRD는 해당 사업의 사전 타당성 조사는 물론이거니와 어느 분야에 투자하기 전 반드시 자체적으로 그 분야에 대한 전반적인 개황을 조사한다. 우리나라의 철도사업에 대한 투자를 결정, 진행하는 과정에서 간선 수송 축인 서울-부산 간 경부선 철도에 대한 상황을 1973년 12월 프랑스와 일본의 철도 전문가들로 하여금 조사케 하였다. 이들 프랑스와 일본의 철도조사단이 6개월 동안 서울-부산 간 철도 수송 현황을 조사한 결과, 경부선은 1980년대에 수요가 공급능력을 초과하는 상태에 이를 것이라는 예측과 함께 장기적으로 새로운 철도의 건설이 필요하다는 결과를 제시했다. 이는 지극히 당연한 결과 같지만, 당시 우리나라 여건으로는 당연한 결과를 제시받고서도 이에 대한 마땅한 재정적, 기술적 대안을 제시할 수도 없는 상황이었다.

결국 이러한 상태에서 IBRD의 권고에 따라 당시 교통부는 경부축 철도 수송의 문제점과 개선 방안을 찾기 위한 연구용역 사업을 추진할 것을 결정하게 된다. (이 글에서 고속철도와 고속전철의 용어를 혼용하고 있으나 시기적으로 초창기 당시에는 고속전철이란 용어를 일반적으로 사용했다. 이는 당시 우리나라 철도의 대부분이 전철이 아니었기 때문에 상대적으로 비교하기 위한 뜻으로 고속전철이란 용어를 더 선호했던 것 같다. 그러다가 후반부에도 설명하겠지만 고속전철건설공단 설립 법안을 논의하면서부터 앞으로 전철이 일반화될 것이므로 고속철도로 용어를 통일하는 것이 좋겠다는 다수의 의견이 있어 이 시점부터 고속철도로 일반화하여 부르게 된다.)

논의의 시작,

=== 02

소위 'Coal Cement Project
(대량화물 수송 체계 개선 및 교통투자 최적화 방안 연구)'의 시작

추진의 배경

앞서 1973년 IBRD 주관의 프랑스, 일본 철도조사단의 분석 결과에 따라 1980년대 용량이 포화상태에 이를 것으로 예측된 경부축 철도의 문제점과 개선 방안을 찾기 위한 연구용역 프로젝트 역시 IBRD 차관사업으로 시작된다. 소위 '대량화물 수송 체계 개선 및 교통투자 최적화 방안'이란 과제로 우리 관계자들과 IBRD 담당자들 사이에서 소위 'Coal Cement Project'라고 불렸던 사업이다.

이 사업이 'Coal Cement Project'로 불린 연유는 이러하다.

우리나라의 근대적 수송 시스템은 대한제국 시절부터 일제 강점기, 한국전쟁, 한국전쟁 이후 전후 복구기까지의 100여 년 동안 철도 중심의 교통 체계였다. 그러다가 1960년대 들어 경제개발 5개년 계획을 추진하면서 경부고속도로를 비롯한 고속도로와 전국 단위의 국도, 지방도 건설로 급속히 도로 위주의 수송 체계로 변모해 갔고 이 과정에서 철도 수송의 역할은 급속히 축소되어 가고 있었다. 그렇지만 경제발전의 여파로 석탄이나 시멘트 같은 대량화물 수송에 대한 철도의 중요성은 오히려 높아질 수밖에 없었다.

1950년대 후반부터 1960년대 중반까지 우리나라는 경제 발전에 박차를 가하는 시기였지만 남북 분단과 한국전쟁의 여파로 전기와 석탄 같은 에너지원은 절대 부족한 상황이어서 목재가 주요 난방재로 쓰일 수밖에 없었던 탓에 전국 산림은 급속히 황폐되어 가고 있었다.

1960년 당시 우리나라의 전체 1차 에너지의 62.5%가 땔나무와 숯이었다. 이렇게 목재가 주요 난방재로 쓰이면서 한 세기 이상 진행된 산림의 황폐화를 막는 근본 대책은 저렴한 대체 연료를 안정적으로 공급하는 것이었다. 이런 배경하에 당시 정부는 강력한 산림녹화 정책을 집행하면서, 또 다른 한편으로는 우리나라의 거의 유일한 부존자원인 무연탄 생산을 늘렸다. 무연탄을 산업용 전기 발전용뿐 아니라 가정용 연탄으로 공급하게 되면서 무게가 많이 나가는 이들 화물의 수송에는 도로보다 철도 수송이 큰 역할을 할 수밖에 없었다.

석탄이나 연탄은 중량화물이어서 운송비가 상대적으로 높고, 포장되지 않은 도로 수송에 의존하기 어려운 현실적 여건 때문이다.

그 결과, 무연탄 생산지를 연결하는 삼척선, 화순선, 영동선, 태백선 등의 건설 개량 사업이 이루어졌다. 소위 이들 산업선 철도뿐만 아니라 우리 국토의 주요 간선인 경부선 철도도 겨울철 연탄 공급을 위하여 동절기뿐 아니라 하계부터 무연탄을 수송하여 비축했기 때문에 무연탄 수송 수요가 늘 일정 수준 있을 수밖에 없었다.

이러한 석탄의 철도 수송 수요만도 상당한 수준이었는데 경제의 급속한 발전으로 그에 못지않게 시멘트 수송 수요 또한 급속히 증가하였다.

시멘트는 한국전쟁 이후의 전후 복구 사업뿐 아니라 철근·목재 등과 더불어 급속한 공업화 정책을 진행함에 따라 발전소, 철도, 도로, 항만, 수리시설, 주택 및 공장의 건설로 수요가 폭증하게 되었다. 이로 인해 국내 시멘트 공장의 신·증설도 적극 추진되어 원료 공급지와 시멘트 공장 간, 시멘트 공장과 수요처 간 수송로의 확보는 필수적이었다. 시멘트 역시 석탄과 마찬가지로 중량의 대량 수송 시스템이 필요하기 때문에 철도 수송에 의존도가 높을 수밖에 없었다.

이와 함께 경제개발 5개년 계획의 추진과 더불어 중화학 공업의 육성과 전국의 공업단지, 산업단지 개발도 철도 수송의 중요성을 더해갈 수밖에 없는 환경적 변화를 가져왔다.

이러한 거시경제적 여건으로 인해 한정된 당시 철도 노선과 용량으로는 수요를 감당할 수 없는 상황에 봉착할 수밖에 없어 가장 시급한 경부축 철도를 중심으로 장기 대책을 검토하게 된 것이다.

이런 배경 아래 교통부가 1978년 당시 한국과학기술원(KAIST)에 IBRD 철도 차관사업으로 '대량화물 수송 체계 개선 및 교통투자 최적화 방안'에 대한 연구 용역을 의뢰하게 되고 이 연구는 1978년 11월부터 1981년 7월까지 3년여에 걸쳐 수행되었다.

이 연구를 당시 KAIST에 맡긴 것은 지금으로서는 조금 이해가 되지 않을 수 있다.

당시 KAIST에는 황용주 박사가 소장으로 있는 '지역개발 연구소'가 있었는데 KAIST 본연의 기능과는 다소 동떨어져 보이지만, 이 연구소는 박정희 대통령 시절 추진되었던 수도 이전에 관한 연구 검토를 하기 위하여 설립된 기관이었다. 아마 당시 KAIST가 홍릉에 위치해서 보안관리가 용이했던 점과 연구진에 대한 파격적 대우가 가능했던 점 등을 고려하여 형식상 KAIST의 부설 연구소 형태로 설립 운영된 것으로 추측된다. 이 연구소에는 국토개발팀과 당시 다른 연구기관에는 없었던 교통연구팀이 있어서 이런 연구를 맡게 된 것이었다. 당시 교통팀에는 김창호 박사, 이인원, 강위훈, 윤길선, 이한준(현 LH 사장) 연구원 등이 있었다. 당시의 교통팀을 추후 신부용 박사가 이끌게 되면서 시스템공학연구소로 연구소 명칭을 바꿔 IBRD 5대 도시 교통개선 방안에 관한 연구 등을 수행하였고, 이러한 성과에 기반하여 추후 교통개발연구원을 거쳐 오늘날의 한국교통연구원으로 발전하게 된다.

국토개발 정책 방향까지 포함한 포괄적 수송 체계 구상의 제시

이 연구의 주요 과업은 전국의 장래 수송 수요를 예측하고, 기존 수송시설 능력을 평가한 후 수송 능력 증강 방안을 비교 검토하여 종합 수송 체계를 수립하기 위한 최적 모형을 개발 제시하는 것이었다. 종합 수송 체계의 최적 모형을 제시하는 것이 주요 목적이었기에 연구 결과는 국토개발 정책의 바람직한 방향을 제시하는 것부터 언급되어 있다. 단순한 수송 네트워크의 확충만으로는 장기적 문제 해결에 한계가 있다는 인식이었다.

국토의 효율적 이용과 균형 발전을 위하여 대도시 지역의 인구 및 경제활동 집중을 방지하는 정책의 강력한 추진과 동시에 지방 공업단지의 확장 개발 및 거점 도시의 집중 개발 추진을 통해 도시 내 교통혼잡을 해소하고, 더불어 지역 간 교통 수요를 감소시키는 효과를 전제로 합리적인 수송망의 구축을 제안한 것은 오늘날에도 교훈으로 삼아야 할 부분인 것 같다.

합리적인 수송망의 구축을 위해서는 서울과 부산을 중심으로 강력히 구축된 경부 개발축에 인구 및 경제활동과 수송활동이 집중되고 있으므로 국토의 균형 개발과 개발 잠재력의 효율적 활용을 위하여 경부축에 대응하는 영동, 호남축의 개발을 위한 수송망의 구축과 서해안축, 동해안축, 중앙종단축 및 동·서해 횡단축의 구축을 위한 정책적인 전략이 필요하다고 제안하였다. 1970년대 이런 체계적 구상을 제시했다는 것이 놀라울 정도이다.

이 중 가장 주요한 경부축에 대해서는 기존의 추세로 성장할 경우 모든 경제활동이 경부축에 집중되므로, 인구와 경제활동의 지역 분산을 위한 국토개발 정책 방향에 근거하여 수송시설을 확충할 것을 제안하였다.

공로 시설의 경우 호남고속도로 대전-광주 구간의 2차선 추가 확장이 필요하다고 판단하였다. 1970년대 후반의 이 연구 결과를 돌이켜보면 상당히 정확하고 합리적인 분석을 통한 우리나라의 종합 수송 체계에 대한 종합적인 제안이었다는 것을 알 수 있다.

당시 교통부의 혜안, 고속전철 신설안에 주목

이 연구에서는 이렇게 포괄적인 우리나라 전체 수송 체계에 대한 분석과 제안을 하였지만 당시 교통부 관계자들은 철도 부문의 분석 결과에 주목하게 된다. 특히 이 연구에서는 우리나라의 수송 체계를 국토 면적과 지형 조건을 감안하여 철도는 대량 화물의 중·장거리 수송의 주축이 되고, 공로는 단거리 집배 수송, 연안 해운은 대량화물의 장거리 수송, 도시교통은 대중교통 수단인 지하철, 전철 및 버스 수송이 그 주축이 되도록 하여야 한다고 전제하였다.

이를 위하여 공로, 즉 도로에 분담된 장거리 대량 수송량을 철도, 또는 연안 해운이 담당하도록 수송 가격의 조정, 철도 및 연안 해운의 수송시설 개선이 이루어져야 한다고 건의하였다. 이러한 제안은 오늘날 지속 가능한 수송 체계에도 반드시 반영되어야 할 기본적인 원리라고 생각된다.

이런 큰 전제하에 각 수단 간 용량 한계 분석과 대안이 제시되었는데, 경부축의 철도 수송 시스템은 1985~1990년 사이에 기존 경부철도의 주요 구간이 수송 애로 구간으로 용량 한계에 도달하는 것으로 분석되었다. 연구에 따르면 경부선 철도의 당시 수송 능력은 1일 138회이나 수요는 1990년 136회, 2001년 267회로 1990년에 용량 최대치에 이르는 것으로 분석되었다. 이를 위한 해결 방안으로는 경부축에 새로운 철도를 건설하되 그 효율성을 높이기 위하여 고속전철화로 계획하여 이 신선은 여객 전용의 수송 기능을 부여토록 구상하였다. 그리고 기존 철도망의 신호 체계와 노반 개량을 하여 대량화물 수송 기능을 확충하는 방안이 제시되었다.

이 연구의 목적은 종합 수송 체계의 구축에 관한 것으로 사실 우리나라 국토 전체에 대한 철도·도로·해운에 관한 광범위한 개선 방안을 제시하고 있었다. 하지만 당시 교통부 주요 관계자들은 우리나라 수송의 60%를 담당하는 경부축, 그중에서도 대량화물 수송의 중심 수단인 철도 수송 체계 개선 대안으로 제시된 경부선 고속전철 건설 제안에 유독 관심을 보이고 이를 교통부의 향후 핵심 정책 과제로 선정하게 된다. 당시의 이러한 움직임은 운수 산업 인허가 중심의 단순 집행 기능 위주였던 교통부 행정을 미래지향적 부처로 탈바꿈시키려던 당시 뜻있는 교통부 공무원들로서는 아주 시의적절한 선택이었다고 생각된다.

그러나 세계은행 철도차관으로 수행한 연구 결과만으로 경부고속전철의 건설과 같은 대역사의 추진을 결정하기에는 당시 교통부의 역량은 턱없이 부족한 상태였다. 특히 우리 재정 여력으로 감당하기 어려운 고속전철과 같은 대규모 역사를 추진하자고 하기엔 다들 시기상조라고 생각하던 때였다.

하지만 당시 교통부 공무원들은 무모할 정도로 이 과제에 집착하여 기회가 있을 때마다 그 필요성을 주장하였다. 교통부 공무원들이 당시 경부고속전철을 추진하기 위하여 선택한 전략은 두 가지였다.

첫째는 우리 재정 여력으로는 도저히 어려우므로 IBRD 차관으로 재원을 만드는 구상이었다. 둘째는 당시 매년 초 대통령을 모시고 하는 부처 연두 업무보고에 포함해 대통령으로부터 추진의 당위성을 인정받는 것이었다.

당시 매년 정기 또는 수시로 교통부를 방문하였던 IBRD 관계자들에게는 끊임없이 고속전철과 지하철에 대한 차관 지원을 요청하였다. 또 한편으로는 대통령으로부터 사업의 필요성을 인정받는 Top down 방식의 의사결정을 위한 노력을 줄기차게 하였다.

과감한 도전,
경부고속전철 건설 대통령 연두 업무보고

03

1979년 2월 박정희 대통령 연두 업무보고

교통부는 앞서 얘기한 두 번째 전략대로 대량화물 수송 체계 연구 중간보고 내용을 토대로 과감하게 당시 박정희 대통령 1979년 2월 연두 보고 때 고속전철 건설계획을 보고하는 방안을 강구하게 된다. 당시는 매년 초 심혈을 기울여 1년간 추진할 업무계획을 만들어 대통령에게 직접 보고하고, 대통령의 반응에 따라 희비가 엇갈릴 정도로 정책의 우선순위가 정해지며 추진의 탄력성이 결정되었다. 때문에 교통부로서는 우리 경제 운용의 핵심 축이며, 가장 중요한 수송 축인 경부선에 고속전철을 건설하는 방안을 1979년 2월 박정희 대통령의 교통부 연두 순시 시 업무보고에 포함하여 건의하게 된다. 당시 예산 사정 등을 고려한 현실적 대안으로 우선 서울-대전 간 160km에 대한 고속전철 건설 필요성을 보고하고, 그 자리에서 박정희 대통령은 이 방안을 포함한 장기 수송 대책 수립을 지시하게 된다.

1979년 2월 교통부가 당시 박정희 대통령에게 연두 업무보고 때 "서울-대전 간 160km에 대한 고속전철 건설"의 운을 띄운 것이 우리나라 고속전철 역사의 중요한 첫걸음이었다. 이때를 계기로 지루하지만 본격적인 논의의 중요한 단초를 마련한 것이기 때문이다.

1980년대 초 당시 교통부가 고속전철과 신공항에 관한 꿈을 그리기 시작한 것은 여러 가지 계기가 있을 수 있겠지만, 연초에 부처별로 대통령에게 그해의 주요 정책 과제와 추진 방향에 대해 보고하는 연두 대통령 업무보고가 중요한 계기였다고 본다.

당시는 권위주의적 요소가 많은 시대였지만 각 부처의 국정과제를 체계적으로 기획하고 관리하는 시스템의 일환으로 연초에 대통령에게 직접 각 부처가 주요 정책에 관한 보고를 하고, 이에 관한 추진을 주기적으로 점검해 나가는 시스템이었는데, 그 준비도 철저했고 사후관리도 상당히 체계적으로 해나갔다.

단순한 연두 보고가 아니라 그 부처의 사활을 걸다시피 과제를 발굴하고 이의 채택을 위해서도 백방으로 노력하던 때였다. 몇 개월 전부터 청와대, 경제기획원에서 지침이 내려오고,

각 부처는 기획관리실을 중심으로 새로운 아이디어를 찾고, 보고 문안을 고치는 노력을 지극정성으로 했었다.

정작 보고는 대통령의 코멘트까지 1시간 반에서 2시간 내에 끝나지만 대통령의 반응이나 코멘트에 따라 희비가 크게 엇갈리기도 했었던, 그야말로 1년의 행정 과정에서 가장 큰 노력을 경주하던 과정이었다고 해도 과언이 아니었다.

당시 다른 부처에 비해 상대적으로 주목을 받을 수 있는 정책이나 프로젝트가 적었던 교통부로서는 이러한 대통령 연두 업무보고가 늘 신경 쓰이는 과정일 수밖에 없었다. 그러나 객관적으로 볼 때 도저히 이러한 거대한 역사를 추진해 낼 조직역량이 전혀 안 되는 것으로 보였던 당시 교통부에서 우리나라 고속전철의 역사를 일궈내는, 그야말로 기적 같은 일이 일어났다는 데 역사의 묘미가 있다고 할까?

이는 분명히 단순한 흥미 차원에서 접근할 문제는 아니다. 중요한 정책 결정이 대한민국의 역사 속에서 어떻게 이루어져서 오늘날 우리나라 경제사회 발전의 큰 축을 이룰 수 있었는지 바둑의 복기처럼 되짚어 볼 필요와 가치가 충분히 있다고 본다.

모든 일은 적절한 때가 있고, 또 그 적절한 때 적절한 사람의 역할이 있었기에 가능하다고 본다면 우리나라의 고속전철도 그럴만한 때에 그럴만한 사람들이 있었기에 가능했다.

첫발은 뗐지만

1979년 2월 박정희 대통령의 교통부 연두 업무보고 시 서울-대전 간 160km 구간의 대한 고속전철 건설에 관한 구상을 보고하고, 대통령으로부터 고속전철 건설 방안을 포함한 장기 수송 대책의 수립에 관한 지시를 받은 것까지는 좋았다. 그러나 그 이후 여러 사정으로 사실상 제대로 추진되지 않고 있었다.

우선은 당시 지시했던 박정희 대통령의 유고로 국정 자체가 혼미를 거듭하였다. 뿐만 아니라 정부 내에서조차 과연 그러한 거대한 사업의 추진에 관한 합일점이나 의지를 찾기 어려웠기 때문이다. 특히 예산 당국의 태도는 더더욱 냉랭했었다. 현실적으로도 당시 예산 당국의 입장은 상당 부분 이해가 갈 수밖에 없었다. 한정된 세수로 워낙 많은 분야에서 팽창하는 재정 수요를 감당하기 어려웠던 시절이었기 때문이었다.

당시 고속전철 건설 업무의 주무 행정관청은 철도청이었다. 철도청은 철도의 건설, 운영을 맡은 기관으로 교통부의 외청이었기에 고속전철의 건설과 같은 워낙 중대한 사업에 대한 독자적 정책 결정을 할 수 있는 여건이 아니었다. 더욱이 당시 철도청은 지속되는 적자로 어려움을 겪었기 때문에 적자 규모를 줄이는 일만으로도 정신이 없었던 때였다.

당시 정부 부처 중 힘이 없다고 여겨지던 교통부 구성원들의 고속전철과 신공항에 대한 건설 의지와 노력은 이런 어려운 여건 속에서 계속되었기에 더욱 높게 평가되어야 한다고 필자는 생각한다.

당시 차관을 지냈던 김창갑, 기획관리실장 강동석, 당시 여당에 전문위원으로 파견 나가 있던 염태섭, 수송정책국장 한지연과 최훈, 수송조정과장 정종환, 성기수, 기획예산담당관 이헌석, 장부시, 그리고 당시 IBRD 차관사업을 담당했던 김진열 사무관 같은 분들이다.

처음 교통부에 부임해 갔을 때 이분들을 만날 때마다 거의 공통적으로 듣게 된 얘기는 "그래, 한번 해보는 거지 뭐"였다. 교통부가 힘없는 부처이고 고속전철 같은 거대한 사업을 하겠다고 하니 외부에서는 전혀 호응이 없었다. 하지만 이런 분들을 만나면 어느 누구도 "그 일은 안 될 테니 하지 마라"든지 "적당히 하라"든지 하는 얘기를 하지 않았다. 다들 무슨 배짱인지 "그래, 한번 해보자", "아, 밀어붙이다 보면 안 되겠어?"의 얘기들만 했다. 사실 신참 사무관으로서는 그저 신기할 따름이었다.

특히 대통령 연두 업무보고나 국회 업무보고 등 당시로서는 주요 보고 시마다 이 선배들이 기를 쓰고 고속전철, 신공항 추진에 관한 열의와 집념을 보이는 것에 상당한 경외심을 가졌던 것이 사실이다.

교통부가 주목받는 부처가 되어야겠다는 열망과 국가 발전의 미래를 위하여 꼭 해야 할 사업이라는 신념을 함께 공유했기 때문이라고 생각한다. 후배 공무원들에게는 정말 귀감이 될 분들이다. 이런 열정들이 없었다면 1979년 권위주의 정부의 박정희 대통령에게 '서울-대전 간 160km 고속전철 건설' 같은 엄청난 과제를 보고할 엄두도 못 냈을 것이란 것이 필자의 판단이다.

그러나 이런 열정에도 불구하고 현실의 벽은 높디높았다. 특히 당시 국정과제의 기획과 예산을 담당하는 경제기획원 예산실의 입장은 냉랭하기만 했다.

어렵사리
제5차 경제사회발전 5개년 계획
(1981~1986년)에 반영

04

1985년 착공, 1989년 완공 계획

교통부는 1979년 2월 박정희 대통령의 연두 순시 시 대통령으로부터 서울-대전 간 160km에 고속전철을 건설하는 방안을 포함하여 장기 수송 대책을 수립하라는 지시까지 끌어냈다. 그러나 사실상 추진의 실질적 동력을 확보하지 못했다. 그럼에도 불구하고 나름대로 많은 노력을 경주한 끝에 '제5차 경제사회발전 5개년 계획(1982~1986년)'에 경부고속전철 타당성 조사를 하는 것을 반영하는 데 성공했다.

지금은 잘 이해하기 어려우나 당시만 해도 주요 사업은 모

두 5개년 계획에 반영되어야 추진이 가능했으며, 매 연도 예산
도 5개년 계획에 반영된 사업이 우선적으로 고려되었다. 때문에
각 부처에서는 이 5개년 계획에 자기들 사업을 반영시키기 위하
여 각고의 노력을 다했다. 주무 부처인 경제기획원은 한정된 재
정 때문에 대규모 투자가 소요되는 고속전철 같은 사업은 까다
롭게 검토할 수밖에 없었다.

그동안 고속전철에 관한 기록이나 내용들이 이러한 상황을
모르기 때문에 한두 줄의 서술에 그치고 있었던 것을 고려하면
'제5차 경제사회발전 5개년 계획'에 경부고속전철사업을 포함
시키기 위해 당시 교통부 관계자들이 들인 노력과 정성은 그야
말로 지극한 것이었다. 주요 투자 사업이라고는 사실상 전무했
던 교통부가 당시 개략적인 추산만으로도 2조 원 가까운 사업비
가 소요되는 경부고속전철을 추진하겠다고 하니 경제기획원으
로서도 신중을 기할 수밖에 없었던 것이다.

그리고 설사 사업의 필요성은 인정된다고 하더라도 당시 우
리나라 재정 여건상 이런 대규모 사업을 추진할 경우, 기존에 추
진하던 사업에 대한 재원 조달에도 차질을 빚을 수밖에 없었기
에 당시 경제기획원, 특히 예산실은 지극히 소극적 입장을 보일
수밖에 없었다고 본다.

그나마 다행인 것은 당시 박정희 대통령 서거 이후 새로운
정부도 국민에게 어필할 수 있는 정책이나 사업들을 찾고 있었
다는 점이다. 1978년부터 시작했던 '대량화물 수송 체계 개선

및 교통투자 최적화 방안' 연구가 1981년 7월에 나온 결과 발표에서 경부축의 철도와 고속도로 모두 1985~1990년 사이에 심각한 수송 애로 상태가 될 것으로 예측하면서 서울-부산 간 고속전철 건설에 관한 필요성과 당위성을 제기하였다. 그렇게 하여 1982년부터 시작되는 제5차 경제사회발전 5개년 계획에는 그야말로 천신만고 끝에 서울-대전 간 160km의 고속전철 신설 계획이 반영되었다.

1981년도에 수립된 제5차 5개년 계획에는 경부선 철도의 선로 능력이 조치원-대전 간은 1984년 말에 한계점에 도달하는 데 반해, 수송 수요는 지속적으로 증가하여 1991년에는 1980년 대비 여객이 3.4배, 화물은 3.7배로 급증할 것으로 전망하였다.

이에 따른 단기 대책으로 수원-대전 간 CTC(열차집중제어장치)와 ABS(자동폐색신호장치)를 증설하여 1986년까지 선로 능력의 애로를 해소하도록 하되, 이런 대안들은 근본적인 해결책이 되지 못하기 때문에 장기적으로 2000년대의 수송 수요까지 처리하기 위해서는 서울-대전 간 160km에 고속전철을 신설하겠다는 구상이었다.

이 고속전철은 여객 전용으로 건설하되 기존 경부선 철도는 여객 일부와 화물 수송 기능을 중점적으로 담당토록 한다는 계획이었다. 총투자 규모는 당시 가격으로 1조 500억 원이 소요될 것으로 추정하였으며, 1986년에 조사설계 및 용지매수 등에 2,000억 원을 투입하여 본격적인 사업에 착수하고, 1989년에 완공하여 1990년대부터 우리나라의 주요 수송 축인 경부축의 철로를 수송 애로 없이 운영하겠다는 상당히 야심 찬 구상이었다.

● 1983년 제5차 5개년 계획의 수정으로 착공 구상이 타당성 조사 실시로 대폭적인 후퇴

당초 5차 5개년 계획에는 서울-대전 간 160km에 대한 고속전철 신설 계획이 야심 차게 반영되었으나, 1979년부터 시작된 2차 오일쇼크 여파와 1970년대 고도성장의 후유증으로 나타난 살인적인 인플레 억제를 위한 초고강도의 물가 억제 및 긴축 재정 정책의 시행으로 사회간접자본 투자 전체가 전면 재조정이 불가피하게 되었다. 이런 기조하에 1983년 수정된 5차 5개년 계획에서는 1986년 착공 대신 타당성 조사 계획만 반영되게 된다.

비록 서울-대전 간의 160km 구간의 고속전철이지만 당시 재정 여건으로는 워낙 막대한 자금이 소요되는 방대한 규모의 사업인 만큼 건설 여부 자체를 신중히 검토하고 결정하기 위하여 서울-부산 간 고속전철 건설의 경제적·기술적 타당성 조사를 5차 5개년 계획 기간 중인 1986년까지 실시하고, 그 결과에 따라 건설 시기와 사업 규모 등을 결정하도록 대폭 후퇴하는, 사실상 사업의 추진 여부 자체를 검증하자는 수정안으로 반영되었다. 당시 교통부로서는 크게 실망스러운 상황으로 돌변하였다.

사실 주요 사업은 어떤 경우라도 사전에 경제적 타당성을 조사하는 것이 지극히 당연하였으나 당시만 해도 지금으로서는 상상도 하기 어려울 정도로 경제기획원의 예산 당국뿐 아니라 각 부처도 사전 타당성 조사 없이 함부로 사업 추진을 결정한다는 것은 상상도 할 수 없었다. 때문에 타당성 조사 예산이 정식으로 예산안에 반영된다면 사실상 그 사업은 추진이 기정사실화되어 가는 수순으로 여길 정도였다. 당시 교통부는 타당성 조사 예산이라도 반영시키고자 노력했고, 경제기획원 예산실은 예산 규모 여하를 떠나 타당성 조사 예산도 반영하기를 꺼리는 과정에서 어렵게 '제5차 경제사회발전 5개년 계획 수정 계획'에 경부 고속전철에 대한 타당성 조사를 계획 기간 내에 한다는 결과만이라도 반영시키게 된 것이었다.

요즘 천문학적 예산이 소요되나 타당성이 전혀 있을 것 같지 않은 각종 사업들을 지역주민들이 원한다는 정치적 이유로 쉽게 쉽게 추진하는 현실을 보고 있노라면 과거 자부심과 실력으로 깐깐하게 각종 사업을 따지고 챙겨왔던 경제기획원과 예산실의 전문성, 사명감을 다시 한번 떠올리게 된다. 또한 이에 맞서 줄기차게 합리적 근거를 제시하며 필요성을 예산 당국과 설득하고 논쟁하며 타당성 조사 예산이라도 반영코자 노력했던 당시 교통부 선배들의 노력도 후배로서 존경의 마음을 갖게 한다는 점을 꼭 기록에 남기고 싶다.

지금까지 여러 가지의 기록에 전혀 언급되지 않은 부분이다.

우리나라 고속전철 역사에서 이런 과정이 있었기 때문에 '제5차 경제사회발전 5개년 수정 계획'에 경부고속전철 건설 타당성 조사가 반영된 것에 큰 의미를 부여하고 싶다.

제5차 경제사회발전 5개년 계획 수정 계획(1983년)에 반영된 내용

당초 5차 5개년 계획에는 해당 계획 기간이 끝나는 1986년 1조 500억 원의 예산을 투입하여 서울-대전 간 160km의 고속전철을 건설하는 구상이 반영되었다.

그러나 1983년 수정 계획에는 경부고속전철사업이 막대한 자금이 소요되는 국가 기반시설로서 사업 규모 자체가 방대한 만큼 건설 여부를 신중히 결정하기 위하여 서울-부산 간의 고속전철 건설의 경제적·기술적 타당성 조사를 계획 기간 중에 실시하고, 그 결과에 따라 건설 시기와 규모 등을 정하도록 한다고 대폭 수정하였다.

당초는 계획 기간이 끝나는 1986년 착공한다고 확실한 추진에 중점을 두었으나 수정안은 건설 여부 자체를 신중히 결정하기 위하여 경제적·기술적 타당성 조사를 하는 것으로 의미를 대폭 수정한 것이다.

사실 제5차 5개년 계획에 반영될 당시 정밀한 경제적·기술적 타당성 조사를 시행한 결과를 토대로 의사결정을 내렸다기보다는 경부축 수송 문제의 심각성에 방점을 두고 결정을 내렸다. 때문에 고속전철과 같은 대규모 프로젝트를 추진할 경제적·기술적 검토가 미흡했던 것도 사실이다.

사업을 추진하고자 했던 당시 교통부의 입장에서는 실망스러운 과정이었지만 이렇게라도 사업 추진의 가능성을 이어갈 수 있었다는 것에 의미를 둘 수밖에 없었다.

그럼에도 불구하고 이런 근거라도 남기기 위해서 당시 경제기획원과 치열한 협의를 거쳐야 했다. 결과적으로는 이 계획을 근거로 오늘날의 고속전철 시대를 맞을 수 있었기에 양 당사자 모두 당시로서는 최선의, 합리적인 대안을 선택한 것으로 평가해야 할 것 같다.

IBRD,

경부고속전철 타당성 조사(1983년 3월~1984년 11월) 시행을 마지못해 동의

● 소극적 태도로 일관한 예산 당국과 IBRD

'제5차 경제사회발전 5개년 계획'에 타당성 조사 계획이 포함되었다고 추진이 순조로웠던 것은 절대 아니다. 당시 주요 사업은 5개년 계획 수립 과정에서 사전 검토와 논의를 거쳤음에도 불구하고 매 연도 예산에 반영되느냐의 여부는 정부 재정 여건을 고려하여 별도의 절차를 까다롭게 거쳐야 했다. 그러므로 5개년 계획의 반영이 곧바로 해당 연도 예산안에의 반영을 의미하는 것이 아니었다.

경부고속전철사업은 1979년, 1980년 사전 검토 과정을 거처 1981년 수립되어 1982년부터 시작되는 5차 5개년 계획에 반영되었음에도 불구하고 교통부로서는 1981년, 1982년 예산 편성 과정에서 예산 당국을 끈질기게 설득했다. 그 결과 마침내 1983년 예산에 경부고속전철 타당성 조사 예산을 반영할 수 있었다. 그렇지만 또 다른 난관은 IBRD를 설득하는 일이었다. 당시 재정 여건이 제한적이었으므로 예산 당국은 이 사업을 하더라도 우리 재정이 아닌 IBRD 차관으로 추진하는 것을 선호했었기에 차관사업 예산으로 반영하였기 때문이다. 마침 IBRD 제7차 철도 차관사업이 마무리 단계였으나 차관 한도 내에서 미집행 잔여분이 있어서 타당성 조사 예산은 IBRD 측이 동의하면 추진이 가능했다.

당시 교통부도 차관사업으로의 추진이 명분상으로도 유리했기에 1980년부터 1982년까지 IBRD 철도사업 조사단이 올 때마다 경부고속전철 건설에 대한 타당성 조사 사업이라도 해보자고 설득했다. 하지만 IBRD 측 조사단은 오히려 역으로 타당성 조사 사업비는 크지 않으므로 교통부가 한국 정부의 예산으로 시행하고 그 결과를 함께 검토해 보자는 입장이었다.

철도 차관사업의 추진을 위하여 방한하였던 IBRD 조사단들에게 교통부는 지속적으로 경부고속전철 필요성과 IBRD 측 차관 지원을 요청하였다. 그러나 정작 이들 조사단은 고속전철 대안에는 아주 소극적이어서 사실상 진척이 없었다.

IBRD로서도 고속전철과 같은 대규모 투자 사업에는 소극적일 수밖에 없었던 이유는 한정된 차관 재원으로는 3~5년 정도의 짧은 기간에 여러 분야에 걸쳐 많은 사업에 투자하는 것이 리스크도 줄이면서 활동 성과를 내기도 좋았기 때문이라고 생각한다.

1960년대 초 박정희 대통령이 경부고속도로 건설에 차관을 요청하였을 때도 IBRD는 경제성·기술력 등을 이유로 거절했는데, 이후 박정희 대통령은 국력을 총동원하여 당시 경부고속도로를 건설하였다. 이 경부고속도로가 우리나라 경제발전에 지대한 공헌을 하였음을 당시 IBRD로서도 충분히 알고 있었지만, 경부고속전철 같은 대규모 단일 사업을 추진할 경험이나 의사결정 구조를 가지고 있지 못했던 IBRD였기에 우리나라의 경부고속전철사업에 대해서도 지극히 소극적이었다. 그래서 당시 교통부가 경부고속전철 건설에 대한 차관 지원을 수차례에 걸쳐 간절하게 요청했음에도 IBRD 조사단은 원하는 답을 주지 않았다.

당시 IBRD 7차 철도 차관의 대도시 교통조사 사업을 담당하고 있던 필자에게 고속전철 신설 대안보다는 기존 경부선을 단계별로 개량한다면 IBRD는 진지하게 고려해 볼 수 있다는 얘기까지 해주었던 기억이 난다.

그러나 당시 교통부는 일제강점기에 건설한 경부선 철도의 단계별 개량으로는 시간도 오래 걸릴 뿐 아니라 사업의 효과도 크지 않다고 판단하였었는데 지금 생각해도 당시 교통부의 선배 공무원들의 판단이 지극히 합당했었다고 생각한다.

우리 정부로서도 경부고속전철 건설사업을 반영할 여력이 없는 형편이었고, 대안으로 추진하던 IBRD 차관으로의 추진도 실마리를 찾지 못하던 상황에서 나온 타협의 산물이 타당성 조사였다.

이처럼 경제기획원 예산 당국, IBRD 측과 어찌 보면 지루한 협의를 거의 3년여에 걸쳐 한 끝에 1982년 하반기에 이듬해인 1983년부터 IBRD 차관사업으로 경부고속전철 건설에 대한 타당성 조사를 시행하기로 협의한다.

당시 7차 철도 차관사업도 종료되어 가는 단계에서 IBRD 측으로서도 다른 후속 사업을 발굴하여야 하는 시점이었기에 어렵게 합의를 해준 것으로 생각된다.

사실 교통부가 이 사업을 줄기차게 주장하고 추진해 왔으나 국·과장들 대부분이 실무적으로는 이 일을 맡기를 원했던 것은 아니다. 이 일을 담당하기 위해서는 경제기획원 예산실뿐 아니라 합리적이지만 까다로운 IBRD 조사단과의 지속적인 업무 협의도 가능해야 하고, 당시 대통령실 업무보고나 국회 보고가 있으면 꼭 주요 과제로 포함되었기에 업무량도 엄청났을 뿐 아니라 전문성과 대외 활동력도 뒷받침되어야 했기 때문이다.

이럴 때 정말 때맞춰 이 일을 담당하게 되었던 당시 교통부의 정책 총괄 기능을 하는 수송조정국 수송조정과에 추진력과 전문성을 겸비한 정종환 과장이 있었기에 무리 없이 이러한 타당성 조사도 추진될 수 있었다.

이 부분에서 또 잊을 수 없는 숨은 인물이 당시 수송조정과 김진열 사무관이다. 당시에는 대부분 사무관이 1~2년 만에 순환보직으로 자리를 이동하며 다른 업무들을 맡았다. 하지만 당시 아무도 맡기를 꺼리는 IBRD 차관 업무 등을 맡아 워낙 성실하게 업무를 처리하다 보니 감히 다른 사람이 대체할 수 없을 정도로 IBRD 차관 업무에 정통하게 된 것이 본인에게는 오히려 짐이 되었던 것이다.

● 타당성 조사의 진행 및 주요 검토 내용

타당성 조사의 정식 명칭은 '서울-부산축의 장기 교통투자 필요성 검토 및 서울-부산축 고속전철 타당성 연구'이다. 연구기간은 1983년 3월에서 1984년 11월까지였고 사업비는 IBRD 7차 철도 차관 8억 8,000만 원가량으로 당시 연구 사업비로서는 큰 규모였다.

주된 연구기관은 국토개발연구원과 미국의 Louis Berger사였고 기술적인 부분에서 현대엔지니어링과 덴마크의 Kamp Sach사도 참여하였다.

이 연구의 전반부는 앞서 1978~1981년 진행된 '대량화물 수송 체계 개선 및 교통투자 최적화 방안 연구'에서 분석·제시되었던 내용들과 새로운 변동 요인을 점검하는 차원에서 1990년대 후반기에 큰 혼잡이 예상되는 경부축 우선 투자의 필요성에 관한 보다 정밀한 분석을 하였다.

경부축에서 철도와 고속도로의 수송 수요를 검토한 결과 1982년부터 2011년까지 연평균 5.3%가 증가하여 여객은 1일 84만 명에서 375만 명으로, 화물은 1일 22만 8,000톤에서 852만 톤으로 연평균 4.7%의 급속한 증가세를 이룰 것으로 보았다.

철도의 경우 서울-수원 간이 1993년, 수원-천안 간은 1986년, 천안-대전 간은 1987년, 대구-부산 간은 1992년 초 애로가 발생할 것으로 보았다. 그리고 고속도로의 경우 서울-수원 간은 1985년, 수원-천안 간은 1988년, 천안-대전 간은 1992년에 수송 애로가 발생할 것으로 분석하였는데 이러한 분석은 그 이후 거의 정확하게 예측한 것으로 드러났다.

이런 교통 상황에서 경부축은 1982년의 경우 총인구의 65.8%, GNP의 73.7%가 집중되어 있어 국토의 균형 발전 정책에도 불구하고, 일정 수준 이상의 집중률 변화는 기대하기 어려웠다. 그런데 교통 수요는 계속 증가하여 대부분의 경부축 교통시설 구간이 1990년대 후반기에는 큰 혼잡이 발생하므로, 이를 해결하기 위한 경제적인 장기 교통시설 투자계획이 요청된다는 것이 연구진의 제안이었다.

이러한 분석에 근거하여 연구진은 수송력 증강 대안으로 ① 고속도로를 대폭 확충하는 공로 중심 대안, ② 경부 간 고속전철을 건설하고 고속도로의 상당 부분을 확충하는 공로, 철도 경쟁 대안, ③ 경부 간 고속전철을 건설하고 도로 투자를 최소화하되 양 수단 간의 연계성을 강화하는 철도 중심 대안을 비교한 결과 장기적으로는 세 번째의 철도 중심 대안이 경제성이 높다고 판단하였다. 고속전철을 건설할 경우에도 ① 기존 경부선의 고속화 대안, ② 4개 역을 연결하는 고속전철 건설 대안, ③ 7~11개 역을 연결하는 고속전철 건설 대안 중 경제적 측면에서 7~11개 역을 연결하는 세 번째 대안이 가장 유리하다고 판단하였다.

고속전철의 경제성 및 재무분석 결과

비용편익 분석은 할인율 13% 적용 시 순현재가치(NPV)가 3,460억 원, 내부수익률(IRR)은 15.4%로 경제적 타당성이 충분히 있는 것으로 나타났다.

재무분석의 경우 이자율 10%, 물가 상승률 3%, 요금 25원/인-km 적용 시

- 최대 누적 수지 적자는 개통 연도에 3조 2,970억 원
- 최초 당기순이익은 개통 후 7년 만에 발생
- 최초 누적 수지 흑자는 개통 후 13년에 3,330억 원으로 투자 금액을 전액 회수
- 개통 후 19년인 2011년의 누적 수지 흑자는 6조 7,530억 원으로 예상

고속전철의 건설 효과

서울-부산 간 열차 운행 시간이 기존 새마을 열차의 경우 4시간 10분에서 고속전철의 경우 2시간 04분으로 단축되고, 열차 운행비는 12.9원/인-km에서 11.09원/인-km로 운행 시간과 운행비 모두 절감할 수 있으며 2001년까지 2억 1,300만 L의 유류 절약 효과를 거둘 수 있으며, 원자력발전이 확대될 경우 추가적인 운행 원가절감이 가능하다고 분석하였다.

또한 고속열차 개통 후 새로운 철도 수요를 창출하고, 개통 후 7년 이후 당기순이익이 발생하여 장기적으로 철도 재무구조 개선에도 크게 기여할 것으로 예상하였다.

◀
서울-부산축의 장기 교통투자 필요성 검토 및 서울-부산 간 고속철도 타당성 연구 제2단계 최종 보고서

안전 측면에서도 2001년 고속전철 개통 전 연간 3,990건에서 개통 후 207건으로 3,783건의 교통사고 감소를 예상하였고, 기존 철도 노선을 화물열차 위주로 운행함으로써 장거리 대량화물 수송 체계를 철도 중심으로 개편할 수 있다. 뿐만 아니라 전국을 반나절 생활권으로 형성할 수 있어 대도시 인구 집중을 완화하고 수도권 외의 지역 거점 도시의 성장도 촉진할 수 있을 것으로 분석하였다.

최적 개통 시기까지 분석 결과에 제시하면서도 "정부 재정 상태를 감안하여 적정 개통 시기를 결정"하라는 사족을 달았지만, 이는 당시 고속전철 건설 주장이 한편으로는 얼마나 큰 압박을 받았는지를 보여주는 것이라고 할 수 있다.

또다시 '기술 타당성 조사'로 후퇴,

======= 06

제6차 경제사회발전 5개년 계획(1987~1991년)

기술적 타당성 조사 계획의 부정적 의미

제6차 경제사회발전 5개년 계획 기간은 1987~1991년까지의 5년이다. 1981년부터의 제5차 계획에서 '서울-대전 간 160km의 고속전철 신설' 계획이 반영되어 크게 고무되었으나 불과 2년 후인 1983년 제5차 경제사회발전 5개년 계획 수정 계획에서 대폭 후퇴하여 신설 계획은 물거품이 되고, 겨우 "서울-부산 간 고속전철 건설의 경제적·기술적 타당성 조사를 계획 기간 중 실시하고, 그 결과에 따라 건설 시기와 규모 등을 결정하도록 한다"라는 대폭적인 축소 수정안이 겨우 반영되었다. 이 결과로 1983년 3월부터 '서울-부산축의 장기 교통투자 필요성 검토 및 서울-부산 간 고속전철 타당성 연구'가 시행되었다.

연구 결과, 앞서 언급한 대로 경부축의 수송 수요는 급격히 증가하여 기존 도로·철도로는 수송 능력이 한계에 도달하므로 이에 대한 대책이 시급했다. 그리고 이에 대한 대책으로 경부축에 고속전철 건설이 필요하고, 이 사업은 경제적 타당성이 있다는 결론이 제시되었다. 그러나 누구보다 이 사업에 대해 내심 추진이 부담스러웠던 당시 경제기획원은 이때까지 한 번도 흔쾌히 고속전철 건설을 찬성한 적이 없었다.

당시 계획과 예산이라는 두 가지 핵심적 기능을 가지고 있던 경제기획원으로서는 한정된 재원으로 거시경제 전체를 관리해야 할 의무감 때문에 충분히 그럴 수도 있다고 이해할 수 있다. 하지만 당시 사업 추진을 주장하는 교통부 쪽에는 냉랭하기 짝이 없는 반응을 보였던 것도 사실이다. 특히 도로 건설 쪽에 막대한 예산을 투입하면서 고속전철사업에는 눈길조차 주지 않으려 했던 경제기획원 쪽에 내심 힘없는 부처로서의 자존감을 스스로 달랠 수밖에 없는 어려운 여건이 당시 교통부의 실상이었다.

5개년 계획의 입안과 예산편성권을 쥐고 있던 경제기획원은 어려운 경제 상황 속에서 수정계획을 짤 수밖에 없는 여건을 빌미로 사실상 고속전철 추진에 찬물을 끼얹는, 고속전철 신설이 아닌 대폭 후퇴된 기술적 타당성 조사라고 명칭만 바꾼 타당성 조사를 또 한 번 시행하도록 하는 것으로 체면치레의 수정 계획안을 반영시키게 된다.

명분은 경부축 수송력 증강을 위하여 고속전철 신선 건설이 바람직하지만 대규모 토목사업으로 투자 규모가 방대하고 고도의 기술을 요하는 사업이므로 6차 5개년 계획 기간 중에는 기존 시설과의 중복투자 부분이 없는지, 다른 교통시설과의 충분한 연계성을 확보할 수 있는지, 또 기술적 타당성이 있는지, 그리고 재원 조달 방안의 검토 등을 위하여 사업 예산 40억 원을 들여 종합 검토한 후 고속전철사업 추진 여부를 결정하겠다는 것이었다.

뒤집어서 해석한다면 이 사업을 추진하기 위한 모든 전제조건을 전면 재검토하겠다는 것이며, 우리나라의 기술·재정 수준으로는 하기 어렵다는 것이 당시 경제기획원 당국의 판단이었다.

● 지금까지의 여러 기록이 외면하고 있는 부분

그동안 우리나라 고속전철 건설 과정에 대한 국가기관이나 연구진이 집필한 자료는 사실 이러한 1970년대 후반부터 1990년까지의 드라마틱한 과정에 직접 참여하지 않은 사람들이 몇몇 한정된 자료와 부분적인 경험밖에 없는 사람들의 제한된 경험담을 토대로 기술한 것이 대부분이다. 그래서 공사 일지 중심의 기록이 아니면 1980년대에 일어난 기록을 아예 빼놓거나 제한적으로 인용하여 흐름을 자의적으로 해석한 부분이 많이 보인다.

제6차 5개년 계획의 내용을 빌려 반추해 본다면 경부축 교통난의 심각성을 충분히 예측하면서도 대량 수송 수단인 철도보다는 도로투자에 우선점을 두었고, 철도에는 인색하였으나 도로투자는 과감했었다고 할 수 있을 것이다. 당시 교통부 외에는 세계은행, 경제기획원 등 누구도 경부고속전철 건설을 한마디로 달가워하지 않았다고 표현하는 것이 가장 정확할 것이다.

지금은 철도의 역할과 장점에 대한 인식이 기후 온난화, 환경에의 영향 등으로 많이 바뀌었지만, 당시만 해도 도로투자는 지극히 당연하게 여겨졌으나 철도는 재정 부담만 큰 구조개혁의 대명사로 여겨진 데다, 더욱이 최첨단의 막대한 투자가 소요되는 고속전철을 우리 수준에서 착수한다는 자체가 모두에게 벅찬 과제로 여겨졌던 것이다.

● 수면 아래로 잠겨버린 고속철 논의

고속전철에 대한 전반적으로 부정적인 기류가 주류를 이루자 제6차 5개년 계획에 기술적 타당성 조사를 실시하도록 반영하였음에도 불구하고 1984년 서울-부산 간 고속전철 타당성 연구가 끝난 이후 고속전철에 대한 논의는 사실상 수면 아래로 잠적한 상태였다고 보는 것이 타당할 것이다.

당시 철도의 건설, 운영에 대한 주관기관은 4만여 명의 인력을 거느린 철도청이었으나, 철도청은 사실상 고속전철 업무는 처음부터 자기 업무가 아닌 양 수수방관하거나 외면하는 상황이었다. 이는 당시 철도 건설·운영을 철도청이 모두 책임지는 철도시설 특별회계로 운영되고 있어 철도청 입장에서는 기존 선로의 유지 보수나 노후 차량의 대체도 적기에 할 수 없는 상태였기 때문이기도 하다. 하지만 근본적으로는 당시 시대 상황이 철도는 시대에 뒤떨어진 교통수단이라는 인식이 팽배했던 데다, 자동차 위주 산업사회의 전형적인 성공 신화의 가도를 달리던 우리나라의 경제·사회적 변화상과도 맞물려 있어 철도청 자체가 변화의 주축이 되기 어려운 상태였기 때문이었다고 본다.

그렇기에 고속전철에 관한 논의는 철저히 교통부 위주로 진행되어 왔는데 1985년 이후 1987년까지는 사실상 고속전철 논의의 공백 상태라고 해도 과언이 아니었다. 당시 교통부 관계자들로서도 이제 상당히 기운이 소진되어 가던 때였다고 할 수 있다. 그런데 그나마 불씨를 꺼지지 않고 이어갈 수 있게 된 계기가 제13대 대통령 선거였다.

제13대 대통령 선거
(1987년 12월 16일) 공약으로
다시 살아난 고속전철 구상

07

제13대 대통령 선거와 고속전철의 관계

제13대 대통령 선거는 정치적으로는 여러 가지 의미를 부여할 수 있는 선거였다. 우선 당시 여당이었던 민주정의당 노태우 후보가 36.64%의 득표율로 당선되었다. 이는 그때까지 대한민국 헌정사상 국민 직선 투표를 통해서 당선된 대통령 중 가장 낮은 득표율이었다.

당시 민주화에 대한 국민의 열망에도 불구하고 이 선거를 통해 신군부 정권이 연장된 이유로는 야권의 대표 민주인사였던 소위 양 김(김영삼, 김대중)의 단일화 실패로 인한 야권의 분열이 가장 큰 이유로 지적되었다. 실제 당시 통일민주당 김영삼 후보 28.03%, 평화민주당 김대중 후보 27.04%, 신민주공화당 김종필 후보 8.06%의 득표율을 감안하면 여당 프리미엄을 가진 노태우 후보의 36.64% 득표는 초라한 수준이었다고 할 수 있다.

이런 여건이었기에 당시 여당인 민주정의당은 동원할 수 있는 모든 공약을 총동원할 수밖에 없었다. 또한 당시 권위주의 정부의 속성상 행정부는 사실상 집권 여당과 한 몸같이 움직일 수밖에 없는 상태였으므로 집권 여당의 선거 공약은 사실상 행정부의 총체적 역량이 동원된 작품이었다고 봐야 한다. 여기에 덧붙여 경제적 타당성에 대한 고려나 정책의 완급 조절 없이, 불리한 형국이던 여권 당선을 위해서 표심만 잡을 수 있다면 무슨 공약이든 모두 포함해야 한다는 절박함 때문에 그동안 각 부처가 구상하던 정책 과제들이 여과 과정도 없이 그대로 공약에 포함될 수밖에 없었다.

지금 정치는 포퓰리즘의 극치를 달리고 있지만 당시로서는 이런 분위기에 대해 선거 전후로 언론이나 많은 식자층이 우려를 표명할 수밖에 없었다.

여러 공약 사항 중 국토개발과 관련한 당시 공약을 보면 새만금 간척사업, 경부고속전철 건설, 서해안고속도로 건설, 서울-강릉 간 동서고속전철 건설, 호남선 철도 전철화 등 지금까지 추진되고 있는 대형 국책사업들이 제13대 대통령 선거 당시 민주정의당 노태우 후보의 공약으로부터 비롯된 사업들이다.

경부고속전철의 경우 지금에 와서는 긍정적 평가를 받고 있지만 당시만 해도 타당성 없는 무리한 사업이란 비판이 많았음에도 어쨌든 당시 대통령 선거 공약으로 포함되어 발표된 것이 향후 추진의 큰 갈림길이었다는 점은 부인하기 어렵다.

만약 이 당시 제13대 노태우 대통령 선거 공약에 포함되지 않았어도 경부고속전철사업이 제대로 추진될 수 있었을지에 대해서는 여러 견해가 있을 수 있겠지만, 필자의 생각으로는 아마 쉽지 않았으리라고 생각한다. 이는 1987년까지의 진행 과정과 당시 야당 대통령 후보였다가 이후 차례로 대통령으로 당선되었던 김영삼, 김대중 두 사람의 당시 반응이나 이후 대통령 선거 공약 등을 보면 실현 가능성이 아주 희박했을 것이라는 생각도 든다.

물론 이들 두 대통령 재임 기간 동안에도 경부고속전철사업은 우여곡절을 겪으면서도 추진은 되었기에 단정적으로 얘기하기는 어렵다고도 할 수 있다. 하지만 어쨌든 제13대 대통령 선거 공약으로 발표하고 자신의 재임 기간 내 착공시킨 노태우 대통령이 아니었다면 우리나라에 고속철도 시대는 오지 않았거나, 왔더라도 훨씬 뒤늦었을 것이라는 점은 누구도 부인하기 어려울 것이다.

고속전철 공약, 저절로 들어갔나?
강동석 기획관리실장의 역할

　제13대 대통령 선거가 아무리 당시 여당 후보가 어려운 가운데 치러진 선거였지만 고속전철과 같이 당시로서는 우리가 엄두조차 내기 어려운 최첨단 기술이 동원될 뿐만 아니라, 엄청난 투자가 소요되는 사업을 공약사업으로 반영한다는 것은 솔직히 쉽지 않은 일이었다.

　그럼에도 불구하고 경부고속전철뿐만 아니라 호남선 철도 전철화 사업과 당시로서는 생소한 동서고속전철 건설사업까지 공약사업으로 반영할 수 있었던 것은 당시 교통부 공무원들의 선각자적인 판단력과 우리나라 교통 정책을 한 단계 도약시켜야 한다는 사명감 때문이었다고 생각한다.

　앞서 대통령 연두 업무보고 분위기에서도 언급했지만 당시 교통부의 앞서가는 몇몇 공무원은 여러 주요 정책 가운데 우리 국토, 경제의 앞날을 위해서는 육상 교통에서는 고속전철이, 항공 교통에서는 신국제공항이, 해운 교통에서는 컨테이너 항만 건설이 절체절명의 과제라고 판단하고 있었다. 다행히 컨테이너 항만은 당시 해운항만청이 워낙 의욕적으로 업무를 추진해 왔기에 철도나 항공보다 어려움이 있더라도 앞서서 계획을 수립하여 부산항의 신규 컨테이너 부두 건설과 기존 항만의 확충, 현대화 사업 등을 잘 진행하고 있었다.

1987년 교통부의 중요 보직을 맡은 공무원 중에서는 교통부 출신으로 해운항만청에서 의욕적으로 업무를 추진해 봤던 경험을 가진 이들이 포진하고 있었는데 강동석, 염태섭, 한지연, 최훈, 이헌석, 장부시 같은 이들이었다. 이들이 기존 교통부의 유직형, 정종환, 성기수, 정임천 같은 이들과 화합을 이루며 시너지 효과를 내서 고속전철과 같은 대역사를 탄생시킨 주역들이라고 할 수 있다.

특히 1987년 대통령 선거 공약에 반영하게 된 과정에는 당시 집권 여당이었던 민정당 전문위원제도에 대한 이해가 필요할 것이다. 소위 12·12 사태로 집권한 군부는 정치 기반인 민주자유당을 창당하면서 정책 브레인 집단으로, 당시 행정부 각 부처의 유능한 국장급 공무원을 당 정책전문위원으로 임명하였다.

이들이 당의 전문 정책을 입안하였을 뿐 아니라 행정부와 긴밀하게 업무 연락을 하면서 당정이 한 몸같이 움직이는 시스템이었다. 일정 기간 전문위원으로 일하고는 대부분이 다시 원소속 부처의 1급으로, 사실상 승진 임명이 되어서 복귀하게 되므로 개인적으로나 부처의 입장에서나 모두 유용한 기회가 되는 셈이었다.

당시 교통부에서는 강동석 기획관리실장이 당 전문위원으로 있으면서 교통 관련 주요 정책을 여당의 핵심 과제로 반영시키는 데 지대한 역할을 한 후 교통부로 컴백해서 기획관리실장으로 당정 협의의 컨트롤 타워와 부처 장기 계획 업무를 담당하고 있었다. 연이어 염태섭 수송조정국장이 후임 당 전문위원으로 가 있었기에 그야말로 교통부 기획관리실과 당 정책기구 간에 아주 긴밀하게 업무 협의 관계가 이루어질 때였다. 특히 강동석 기획관리실장은 교통부로 복귀하여 기획관리실장으로 재직하며 이헌석 기획예산담당관과 함께 고속전철, 신공항 사업을 끈기 있게 밀고 나갔다. 장관이 바뀔 때마다, 국회가 열릴 때마다, 대통령 보고가 있을 때마다 양대 국책사업을 교통부의 주요 정책 과제로 제시한 장본인이다.

당시 강동석 기획관리실장은 이후 수도권신공항건설공단 이사장, 인천국제공항공사 사장, 건설교통부 장관으로, 이헌석 기획예산담당관은 수도권 신국제공항건설기획단장, 철도기술연구원장으로 재직하며 두 사람 모두 오늘날 고속전철과 인천국제공항의 초석을 다지는 데 지대한 공헌을 하였다.

이런 과정을 통하여 제13대 대통령 선거 공약사업을 취합하는 초기부터 경부고속전철 건설사업을 제시하게 되었다. 당시 이 사업은 이미 기초적인 타당성 검토 결과도 있어 공약사업 검토 초기부터 유망한 사업으로 포함될 수 있었다.

그러다가 경부고속전철만 공약할 경우 다른 지역에서 불만이 제기될 가능성이 크다는 정무적 지적이 있어, 당시로서는 이제 겨우 타당성 검토 단계에 있던 서울-동해안 간 동서고속전철과 호남선 전철화 사업도 동시에 포함하자는 얘기가 나왔다.

당시 아무리 선거 공약이지만 경부고속전철사업 한 가지도 감당하기 어려운데 이들 사업을 모두 공약에 넣기는 무리라는 지적도 당정 협의 과정에서 있었다. 하지만 당시 여당 입장에서는 선거 상황이 워낙 열세의 분위기여서 모든 가용 공약을 총동원하자는 분위기가 앞섰기 때문에 고속전철 관련 세 가지 사업이 모두 포함된 것이었다.

당시 이 업무를 담당하던 행정사무관이었던 필자는 정무적 판단이 가미되면 옳고 그름을 떠나 이런 경우도 있을 수 있다는 것을 직접 보고 느끼는 계기가 되었다.

이런 과정에서 후일 중요 직책을 맡게 된 강동석, 이헌석 두 선배 공무원의 행정 경륜과 정무적 감각을 공직 생활 내내 달리 볼 수밖에 없었다. 이런 과정이 없었다면 과연 고속전철이 오늘날같이 운영되고 있었을지에 관한 생각을 지금도 가끔 해보곤 한다.

동서고속전철의 추진

08

Episode,
도도한 흐름 속에서 시작한 고속전철과의 인연

필자가 고속전철과 오랜 기간 이어질 인연을 처음 맺은 건 1987년 9월 2년간의 영국 유학 후 교통부에 복귀하던 때였다. 미처 이삿짐을 풀 시간적 여유도 없이 발령받은 곳이 당시 교통부의 정책 총괄 기능을 담당하는 수송정책국 수송조정과 조정담당사무관 자리였다.

당시 직무 분장상으로는 수송정책국이 교통 분야, 즉 육상·항공·해운 교통 전반에 관한 정책 및 투자계획에 관한 종합적인 조정 기능을 담당하도록 되어 있었다. 하지만 도로 기능은 별도의 부처인 건설부가 담당하고 있었고, 해운과 철도 업무는 비록 교통부의 외청이지만 사실상 별도의 중앙행정기관인 철도청과 해운항만청이 각기 관장하고 있었다.

교통부는 육상 교통의 버스·택시·화물자동차 같은 운수 사업체의 인허가 업무와 항공 관광 분야만 직접 소관으로 하고 있었을 뿐이었다.

이런 현실을 감안하여 각 분야별 교통 정책을 종합 조정할 기구가 절실히 필요하다고 판단한 IBRD가 각종 차관을 제공하면서 권고사항으로 제시한 것을 우리 정부가 받아들여 설치한 것이 교통부의 수송조정국(추후 수송정책국)이었다. 그렇지만 이론과 현실의 격차는 너무도 컸다.

당시 교통부로서는 건설부의 도로 업무는 차치하고 자기 소속인 철도청과 해운항만청의 업무도 제대로 관여할 조직과 인력이 없는 상태였다. 두 개 외청 업무도 법상 정해진 주요 인사, 예산, 법안 관련 업무의 제청, 국무회의 상정, 국회 제출에 관한 경유 업무를 처리하는 정도 수준이었다. 철도청, 해운항만청 업무도 각각 사무관 1명이 담당하는 정도였을 뿐이다.

이런 상황이었으므로 수송정책국의 조정담당사무관의 업무란 것이 부처 내에서 소관이 없는 장기 구상에 관한 업무나 그때그때 장·차관, 실·국장의 지시를 처리하는 일을 맡은 사람의 역량에 따라 온갖 일을 떠맡아 할 수도, 별일 없이 지낼 수도 있는 자리였다고 할 수 있다.

이런 분위기 속에서 인계받은 각종 서류와 보고서를 살펴보는 가운데 가장 관심을 끄는 것은 '서울-부산 간 고속전철 타당성 연구' 보고서와 관련된 서류였다.

앞서 기술한 대로 이 보고서 이후 고속전철 업무는 사실상 답보상태에 있었기에 교통부 수송정책국이 가장 우선순위를 두고 추진해야 할 사업이 제대로 발걸음도 떼지 못하고 있는 현실이 답답하기도 했다. 그리고 한편으로는 이 일이야말로 한번 제대로 해볼 만한 일이라는 도전 의식도 나름 솟아올랐다.

마침 당시 교통부 선배들이 만류하거나 소극적이기는커녕 하나같이 제대로 한번 해보자는 분위기여서 정말 겁 없이 과감히 덤벼들었던 것 같다.

특히 이 무렵부터 경부고속전철뿐 아니라 동서고속전철과 호남고속전철 사업도 본격적으로 거론됐다.

● 일본 조에쓰 신칸센으로부터의 인사이트, 동서고속전철 구상의 본격화

이런 과정에서 어느 순간 경부고속전철이 경제성이나 시급성에서 가장 중요한 사업임은 분명하지만, 경부축 외 나머지 지역의 불균형 발전 문제와 지역 차별 논란으로 인한 정치적 부담

등도 상당할 수 있다는 생각이 들어 국내외 사례들을 검토하는 과정에서 당시 일본의 조에쓰(上越) 신칸센의 사례를 눈여겨보게 되었다.

조에쓰 신칸센은 1982년 개통하여 일본 혼슈의 동경과 니가타, 즉 태평양 측과 동해 측을 연결하는 동서로 횡단하는 노선으로 우리나라의 동해안과 서울축을 연결하는 것과 같은 성격의 노선이었다.

특히 이 조에쓰 신칸센은 니가타 출신인 당시 일본의 다나카 수상이 각고의 노력을 기울인 끝에 착공에 이르게 되었었는데 그 덕분에 다나카 수상은 정치 비리로 일본 국민들의 원성을 샀음에도 불구하고 정작 고향 니가타현에서는 늘 압도적인 지지로 당선되었다. 니가타는 유명한 가와바타 야스나리의《雪國(설국)》의 고장이지만 상대적으로 낙후되고 소외된 지역이었다. 다나카는 자신의 정치력을 총동원하여 니가타에 칸에쓰 고속도로와 조에쓰 신칸센을 들어오게 했고, 심지어 불과 60가구밖에 안 사는 마을에도 눈이 오면 고립되는 걸 막겠다고 막대한 예산을 들여 터널을 뚫어주는 일까지 있었고, 심지어 원자력 발전소의 유치에도 힘을 쏟았다.

다나카 수상이 유권자를 향해 한 연설 중에는 니가타 배후에 있는 "미쿠니 고개를 다이너마이트로 날려 버리겠습니다. 그러면 동해의 계절풍은 태평양으로 불어서 빠져나가 에치고에는 눈이 내리지 않을 겁니다. 그리고 여기서 나온 토사는 동해안으

로 옮겨 매립에 쓰면 사도는 육지로 연륙될 겁니다"라는 호기로
운 얘기도 있다.

한국으로 비유하자면 조금 과장되지만 강릉시 유권자들한
테 대관령을 다이너마이트로 날려 버리고, 그 토사로 울릉도와
독도 사이를 매립해 울릉도와 독도를 강릉에 연결해 연륙시키겠
다는 호언장담이었던 셈이다.

어쨌든 이 조에쓰 신칸센은 필자에게 여러 지리적 여건에
서 서울과 동해안을 고속전철로 연결하는 인사이트를 주었던 것
이다.

동서고속전철, 국가 예산이 아닌 민간 자본으로 건설할 구상을 착안

당시 경부고속전철사업도 사실상 추진이 안 되고 있었던 상
황에서 서울과 동해안을 연결하는 동서고속전철 얘기를 꺼내자
말도 안 되는 생뚱맞은 얘기로 듣는 분위기였던 건 지극히 당연
한 일이었다. 동서고속전철은 사실 전혀 구체적 검토가 없었던
상황에서 제13대 대통령 선거가 있던 1987년 3월 당시 차규헌
교통부 장관이 연초 대통령 업무보고를 설명하던 기자간담회에
서 경부·호남고속전철뿐 아니라 서울-동해안 간의 동서고속전
철도 추진하겠다고 한 것이 시발이 되었다. 그러나 구체적으로

검토된 것은 전혀 없었던 상황이었다.

하지만 1987년 9월 고속전철 관련 업무를 맡으면서부터 이 사업은 분명히 추진해야 할 사업이란 확신을 갖게 되었다. 그러나 우선 소요되는 예산이 막대하고 첨단 기술이라 모두 엄두를 내지 못하고 있는 상황을 어떻게 하면 돌파할 수 있을까 하는 점이 고민이었다.

이런 생각에 잠겨 있으면서 그해 정기국회의 업무보고와 대통령 선거나, 다음 해인 1988년 서울 올림픽이란 국가적 과제에 대응하기 위한 각종 정책을 구상하고 보고하기 위해 정책과 계획을 작성하고 정리하는 과정에서 세 가지로 앞으로의 추진 구상이 정리되었다.

첫 번째는 고속전철사업을 집권당의 제13대 대통령 선거공약으로 반영하는 것이었다. 지금의 상황으로는 선뜻 납득이 어렵겠지만, 당시는 여당과 행정부의 정책 협조가 워낙 긴밀하게 이루어지던 특별한 시기였기에 가능하였다.

두 번째는 경부축만이 아닌 전국을 고속전철 생활권으로 격상하자는 구상이었다. 재정 여건만 아니면 국토의 균형 발전 측면이나 국가 기간 교통망의 효율성 측면에서도 지극히 당연한 구상이었다. 그리고 재정을 감안하여 우선순위가 있는 부분부터 순차적으로 착수하되 전체 구상을 가지고 해야 한다는 논리적 주장도 가능했기 때문이다.

세 번째는 국가 재정만으로는 한계가 있을 수 있다면 가용

한 민간 자본도 활용할 수 있겠다는 구상도 가능할 것 같았다.

이렇게 정리해 나가면서 간략한 보고서를 만들어 기회 있을 때마다 제안했더니 생각 외로 호응도가 높았다. 바로 시기적으로 대통령 선거, 88 서울 올림픽이 목전에 있었기에 가능했었다.

특히 당시 소득 1만 불 시대, 서울 올림픽을 맞아 그 어느 때보다 강원도 지역에 콘도미니엄을 중심으로 한 관광개발 계획이 왕성하게 추진되고 있어서 동서고속전철 구상이 언급되자 민간 부문의 반응도 아주 적극적이었다. 특히 민간 기업가 한 분이 이미 수년 전에 자신이 직접 제안한 사업이라며 연락해 왔다. 당시 77세의 연세에도 불구하고 교통부 사무실로 직접 오셔서 자신의 경비로 작성한 동서 민간 고속전철 제안서를 들고 오신 분이 풍한방직의 김영구 회장이셨다.

이분은 전국 환상 고속철도망 건설을 제안하며 서울과 동해안을 연결하는 동서고속전철 건설도 제안하셨던 것이다. 지금 기억에 비록 정부의 타당성 조사 기준에는 못 미치는 수준이더라도 그 구상 자체는 정말 시대를 앞서가는 정책 제안이었고 열의는 정말 대단하셨던 것으로 존경심이 일었다.

김영구 회장님의 방문과 설명에 큰 자신감을 가지고 동서고속전철 타당성 조사부터 착수해 보겠다는 구상을 제시하자, 정말 일사천리로 진행되었다. 특이하게도 그 해 1987년 10월 22일 당시로서는 아주 어려운 대통령 재가까지 받게 되었다.

그러자 온갖 언론에서도 대서특필되었고, 제13대 대통령

선거공약으로도 바로 반영되고 특히 그 깐깐한 경제기획원 예산
실에서도 다음 해 예산에 타당성 조사비 6억 5,000만 원을 반영
해 주었었다.

● 동서고속전철 타당성 조사 실시 계획

　　당시 타당성 조사 시행 계획은 의미를 되새겨보기 위하여
당시 전두환 대통령 재가 문서를 그대로 첨부한다.

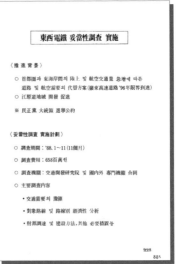

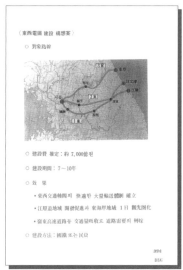

〈東西電鐵 建設 構想案〉

○ 對象路線

○ 建設費 推定 : 約 7,000億 원

○ 建設期間 : 7~10年

○ 效 果
　• 東西交通軸間의 快適한 大量輸送體制 確立
　• 江原道地域 開發促進과 東海岸地域 1日 觀光圈化
　• 嶺東高速道路等 交通量吸收로 道路需要의 轉移

○ 建設方法 : 國際 또는 民資

334
886

◀
동서전철 타당성 조사 실시 대통령
결재 문서 사본

　📍　## 동서고속전철의 타당성 조사와
기본설계의 추진

　경부고속전철에 비하면 동서고속전철의 추진은 가히 날개
를 달았다고 해도 과언이 아니었다.

　1987년 10월 대통령 결재를 얻은 후 1989년 타당성 조사
예산이 반영되어 1988년 5월~1989년 5월까지 교통개발연구
원, 미국 Louis Berger사, 유신설계공단이 6억 5,000만 원의
예산으로 타당성 조사를 실시하였다.

　그러나 경부고속전철과 마찬가지로 당시 철도청은 매사가

미온적이었다. 교통부에서 타당성 조사를 직접 수행하였으나 기본설계는 전문적이고 기술적인 분야여서 당시 교통부 예산을 철도청에 배정하고 철도청이 직접 시행토록 하였다. 그러나 철도청은 자체 수용 태세가 미비하다는 이해 안 되는 이유를 들어 교통부에서 직접 해달라고 요청해 왔다. 하지만 막상 교통부에서 기본설계 용역 추진 준비를 하자 철도청은 자신들 고유의 업무를 상급 부처에서 한다는 심정적 반발을 해와 다시 철도청이 담당하도록 장관 방침을 시달하여 어렵사리 기본설계를 하게 된 사연이 있었다.

이런 우여곡절 끝에 1989년 12월~1990년 12월까지 유신설계공단, 현대정공, 대우엔지니어링, 한국철도기술협력회가 15억 1,000만 원의 예산으로 기본설계까지 마쳤다. 그러나 이후 동서고속전철사업은 경부고속전철사업이 마무리되기까지 사실상 개점 휴업 상태로 있다가 그때그때 상황에 따라 구간별로 여러 가지 대안이 제시되기에 이르렀다. 그리고 2018년 평창 동계올림픽을 계기로 춘천-강릉 구간의 고속전철건설을 매듭지었다.

호남고속전철의 추진

09

호남선 철도의 상황

　1987년 당시 호남선 철도는 일제강점기에 건설되었던 호남선 철도의 구조적 한계를 그대로 지니고 있었다. 우선 경부선의 대전과 목포를 연결하는 구조로 경부선보다 훨씬 열악한 상태에서 운영되고 있었다. 이 때문에 경부선은 수출입국 경제발전 계획 체제에서 노선 전체에 대한 신선 건설 구상까지 논의되고 있었지만, 호남선의 경우 그럴 형편이 못 됐다고 해야 할 것이다.

　더욱이 호남선은 주요 시작 구간이라고도 할 수 있는 목포와 광주 송정리 구간 외 일제강점기에 건설된 단선 운행 체제를 계속 유지하고 있을 정도였다.

그나마 대전-논산 구간은 논산훈련소 병력 수송 등의 현실적 필요성으로 당시 경부선 수준의 개량 사업은 되어 있었으나 논산-송정리 구간의 개량과 송정리-목포 구간의 복선화 사업은 그야말로 언제 끝날지도 모를 정도로 느리게 진행되고 있었다.

당시 호남선은 대전을 거치지 않고 천안-논산을 직접 연결하자는 구상도 제시되고 있었지만, 이 역시 논의 수준에 그치고 있을 뿐이었다.

호남고속전철의 우여곡절

제13대 대통령 선거는 그야말로 집권당이 취약한 상태에서 치러진 선거였기에 당시 동원 가능한 지역 관련 공약은 모두 동원되는 상황이었다. 경부고속전철 건설 구상을 제시하는 것은 당연한 일이었겠지만 강원도 민심을 겨냥한 동서고속전철 건설 계획을 제시하면서 호남에 대한 배려를 하지 않을 수 없었다.

그래서 급히 제시된 것이 호남고속전철 추진 공약이었지만 호남선 전체에 대한 신설 수준의 고속전철 건설 계획이 아니라 그동안 추진되고 있거나 구상 단계에 있던 부분적 계획들을 짜집기한 수준의 공약을 제시하게 된다.

1987년 12월 제시된 여당의 대통령 선거공약은 ① 천안-

공주-논산 간 71.5km 복선철도 건설, ② 대전-광주 간 호남선 200km 전철화, ③ 송정리-목포 간 70.6km 복선화였다.

이후 정부 예산 당국이나 관련 부처 간에도 1987년 대선공약은 호남선 철도개량 사업이지 고속전철 건설 사업이 아니라는 주장도 제기되는 등 상당 기간 혼선이 있었다.

1988년 12월 12일 당시 국무총리실에서 관리하는 대통령 공약사업 실천계획을 보면 위 3개 구간별 사업은 인정하였지만 '호남선 고속전철 건설'이란 명목의 선거공약은 아니라는 입장이었다.

1989년 3월 17일 대통령에 대한 교통부 연두 업무보고에 비로소 대전-목포 간 256.3km에 대한 '기존선 고속전철화' 계획이 보고되었지만 경제기획원은 부처 간 협의가 안 된 교통부의 단독 구상이란 입장이었다.

이후 1989년 5월 8일 당시 고속전철과 신국제공항의 건설 계획에 대한 교통부 장관의 대통령 결재 문서에도 '대전-목포 간 256.3km 기존선 고속전철화'란 문구가 있었지만, 경제기획원은 관계 부처와의 협의가 안 된 교통부 단독의 계획일 뿐이라는 입장을 여전히 고수하였다.

그러나 호남지역의 민심과 국토 균형 발전 논리 때문에 호남선 철도의 현대화와 고속화를 위한 사업을 추진하지 않을 수 없었기에 예산 당국도 타당성 조사나 설계 예산을 부분적으로 반영할 수밖에 없었다.

그래서 1990년 호남선 고속전철화 타당성 조사 용역을 철도청이 발주하여 국토개발연구원과 한국철도기술협력회가 수행하였고, 그 결과 호남선 고속전철화 사업은 천안-목포 간 266.7km에 대하여 다음과 같은 기본적인 골격을 갖추게 되었다.

- 천안-논산(67.8km) 복선 신설
- 논산-송정리(134.9km) 기존 복선 개량
- 송정리-목포(64km) 단선을 복선화 및 개량 사업을 추진하되
- 운행속도는 180~300km/h, 여객과 화물 겸용, 총사업비 3조 463억 원(1990년 가격 기준)

1991년에는 송정리-목포 간 복선 기본설계와 실시설계, 그리고 천안-논산 간 직결선 기본설계를 약 29억 원의 예산으로 추진하였다. 그리고 '실시설계 완료 후 경부고속전철사업에서 축적된 기술과 경험을 활용하여 추진하되, 본격적인 착공 시기는 재정 형편과 수송 수요 등을 감안하여 결정한다'는 것이 정부의 기본 입장이었다.

이후로도 호남고속전철화 사업은 여러 우여곡절을 거치게 되는데 이 부분은 별도의 평가와 정리가 필요한 것으로 생각된다.

공약(公約)은
공약(空約)일 뿐!

10

제13대 대통령 선거 결과와 고속전철

제13대 대통령 선거는 여당인 민주정의당 노태우 후보 36.64%, 통일민주당 김영삼 후보 28.03%, 평화민주당 김대중 후보 27.04%라는 득표 결과에서도 보듯이 여당 후보가 동원 가능한 모든 공약을 발표하다시피 했지만 국민들의 압도적인 지지를 받지는 못하였다. 워낙 걸출한 야당 후보 두 사람에, 범보수의 김종필 후보까지 가세하였기에 여당 후보라도 압도적 표몰이를 하기 어려웠을 것이다.

그러다 보니 지역 구도가 강화된 측면이 다분했고 선거가 유례없이 치열한 지역대결의 장이 되어 가던 무렵인 선거를 약 2주 앞둔 1987년 11월 29일에는 북한에 의한 대한항공 858편 폭파 사건까지 발생하였다. 이런 분위기 때문에 대선 분위기는 안보를 강조하던 여당의 노태우 후보에게 유리한 국면으로 전개되었다는 것이 당시 대다수 언론의 분석이었다.

지금도 그렇지만 당시에도 아쉽게 각 후보가 내건 대선공약이 어느 정도 투표 결과에 영향을 미쳤는지에 관한 분석은 사실상 없었다. 때문에 노태우 후보가 제시했던 경부고속전철, 동서고속전철, 호남선 전철화 사업이 선거에 미친 효과는 가늠하기 어렵다.

그러나 제13대 대통령으로 취임한 첫해가 88 서울 올림픽이 개최되었던 해여서 대통령 이하 새정부의 모든 관심이 올림픽에 집중되었고 한편으로는 정치적으로 여소야대의 상황이어서 소위 '단군 이래의 최대 국책사업'이 될 고속전철 같은 대규모 사업을 쉽사리 추진할 수 있는 여건도 될 수가 없었다. 상황이 이러했기에 대통령 선거공약으로 고속전철과 관련한 세 가지 대형 사업을 모두 반영시켰던 교통부로서는 이러지도 저러지도 못 하는 다소 어정쩡한 입장이 되어 버렸다고 할 수 있다.

더불어 당시 투자사업의 선정과 추진에는 사실상 절대적 영향력을 가지고 있던 경제기획원 예산 당국은 대선공약이었다고 하더라도 타당성을 철저히 따져 보겠다는 입장이었고, 비록 당선자의 공약이라고 하더라도 얽매이지 않는다는 강경한 태도를 견지하고 있어 고속전철의 앞날은 누구도 예측할 수 없는 그야말로 오리무중의 상황이었다.

이러한 당시의 고충이 1988년 대통령 취임 후 있었던 대통령에 대한 각 부처 업무보고 시 교통부의 업무보고 내용에도 잘 반영되어 있었다.

노태우 대통령 취임 후 교통부 업무보고(1988년 3월 21일)

당시 행정 각 부처는 매년 초 대통령에게 그해의 중점 추진 사업에 대한 전반적인 업무보고를 하였는데 1988년에는 대통령 취임 이후에 하느라 3월에 하게 되었다.

1988년은 9월 17일부터 서울 올림픽이 개최되는 해였다.

스포츠 축제지만 서울 올림픽은 남다른 의미를 가지고 있었다. 일제강점기와 한국전쟁을 거치면서 세계 최빈국이었던 대한민국이 불과 30여 년 만에 한강의 기적으로 일궈낸 눈부신 발전상을 전 세계에 과시하는 장이었기 때문이다. 서울 올림픽은 단순한 올림픽의 취지와 범주를 벗어나 냉전 종식의 밑거름이 되어 세계사의 흐름에 지대한 영향을 끼친 올림픽으로 평가되고 있으며, 대한민국이 북한과의 체제 경쟁에서 승리했음을 알린 대회였다는 평가를 받고 있다.

그러기에 제13대 대통령으로 취임한 노태우 대통령으로서는 취임 첫해의 올림픽에 나라의 모든 역량을 쏟아부을 수밖에 없었고, 대통령 취임 후 갖는 행정 각 부처의 업무보고도 성공적인 올림픽을 지원하는 대책에 우선점을 둘 수밖에 없었다.

교통부 업무보고는 1988년 3월 21일에 있었다. 당시 보고 내용을 보면 1988년도 중점 시책으로 가장 먼저 '올림픽 대회의 완벽한 지원'이란 항목 아래 공항 및 항만 수용 태세의 완비, 수송 능력 증강, 관광 지원 대책이 나온다. 그리고 공약사업 실천계획에 관한 장에서 추진의 기본 방향으로 "예산 등 투자 재원이 소요되는 사업은 1988년 중 기본계획을 작성하여 용역조사, 재원 조달 등 연차별 추진 계획을 수립하고, 늦어도 1992년 이전 착공(예: 서울, 부산지하철 추가 건설)"이라고 하며 대규모 투자가 소요되는 고속전철사업은 언급을 피해 가고 있었다. 그러면서 투자 사업 중 공공성이 작고 민자 유치가 가능한 사업은 민자 유치 방식으로 추진한다고 하며 '예) 동서 전철 건설'이라고 언급하였다.

그리고 1988년 이후 향후 추진 사항으로 철도 부문에 경부 고속전철 건설 기본계획 수립(1988~1989년), 동서전철(서울-동해안) 타당성 조사, 경호 직결선(천안-논산) 건설 및 호남선 전철화라고 상당히 막연한 의미로 보고하게 된다.

그 배경은 막상 선거 때는 관심을 끌 수 있는 모든 사업을 공약으로 채택하였지만 실제 동원 가능한 정부의 가용 재원 규

▲
1988년 3월 21일 교통부 업무보고 내용

모나 준비 상황을 고려하면 바로 착공 준비에 들어갈 수 있는 여건이 안 되었기 때문이다.

정부 내 컨센서스가 전혀 없었다고 해도 과언이 아니다. 교통부만의 '짝사랑'이었다고나 할까, 아무튼 앞길은 지난했다.

● **대통령 취임 후 장관 보고(1988년 6월 13일)**

우리나라 민주화는 군사정권에서 문민정부로 넘어가는 큰 과정에서 이루어졌다는 것이 나라 안팎에서 자타가 인정하는 과정이다. 그러나 행정부와 대통령의 관계에서만 본다면 오히려 시간이 지날수록 행정부의 존재와 목소리는 작아지고 대통령 1인의 권한이 커지는 것이 아닌지 우려가 될 때가 많다.

소위 군사정부라는 전두환, 노태우 대통령 시절에도 각 부처 장관이 주기적으로 열리는 국무회의 외에 최소 2~3개월에 한 번씩은 직접 부처 현안을 보고하고 청와대 참모들과 격의 없이 논의하곤 했었다. 그런데 시간이 흐를수록 대통령의 행정부와의 소통은 대통령실 참모들을 통한 간접 방식으로 바뀌고 있는 것 같다. 그러다 보니 장관이 장관답지 못하고 대통령과 대통령실의 눈치를 보는 실무형으로 전락하고 있다고 느끼는 건 필자만의 생각일까?

노태우 대통령 취임 후 1988년 3월 21일 교통부도 신임 대통령에 대한 전반적인 업무보고를 하였지만 곧이어 6월 13일 당시 이범준 장관은 부처 주요 현안에 대한 대통령 보고를 하게 된다.

이때 ① 철도경영 개선과 공사화 추진, ② 도시교통의 근본적 개선 대책, ③ 김포공항 항공기 소음 대책, ④ 관광자원 개발 정책 방향, ⑤ 해운산업 합리화 시책 추진 성과, ⑥ 부산항 컨테이너 처리 대책의 여섯 가지를 주요 추진 과제로 보고하였다.

여기서도 보다시피 고속전철은 당시 대통령이나 청와대, 교통부 모두 당면의 긴급한 정책 과제로 생각하지 않았음을 알 수 있다. 이런 분위기 속에서 정부는 바야흐로 88 서울 올림픽의 분위기 속에서 그해의 마지막을 보내게 된다.

그러나 인류의 역사가 전혀 생각지도 못한 곳에서 새로운 동인을 만들어 내듯이 대한민국의 고속전철도 전혀 엉뚱한 정치권의 지각변동 속에서 새로운 역사의 장(場)을 열게 된다.

바로 여소야대의 정국 속에서 생겨난 3당 합당, 즉 당시 집권 여당이었던 민주정의당과 야당이었던 통일민주당, 신민주공화당이 합당하여 거대 여당인 민주자유당이 탄생한 사건이다. 이 3당 합당의 정치적 대변혁은 1990년 1월 22일 공식 발표되었지만, 실은 노태우 대통령이 집권한 첫해 말부터 그 싹을 키워가고 있었는데 그 과정에서 교통부 장관으로 김창근 장관이 임명되었고, 바로 이 김창근 장관이 방향을 잃고 표류하던 대한민국 고속전철사업의 추진에 큰 방점을 찍게 된다.

제2장

김창근
교통부 장관과
KTX

김창근이 없었다면,
한국에 KTX와 인천국제공항도
없었을 수 있다

김창근 교통부 장관의 KTX에 대한 역할

이 기록을 남겨야겠다고 생각하게 된 이유는 KTX가 탄생하기까지 김창근 장관의 역할을 반드시 조명해야겠다는 것이 가장 크다.

지금까지 여러 사람이 스스로 KTX에 대해 어떤 역할을 했다고 자평하거나, 언론이나 각종 기고에서 어떤 사람들이 거의 주도적 역할을 했다라고 하는 기록들이 허다했다. 그러나 필자는 사실상 우리나라 고속전철 관련 논의가 시작된 1980년대 초부터 2004년 4월 개통 때까지 거의 20여 년을 줄곧 직접 또는 관련된 업무를 수행하였기에 누가, 어느 시기에, 어느 정도의 관여를 했는지에 대해 분명한 증언을 할 수 있다. 하지만 김창근 장관이 가장 중요한 계기를 만들었음에도 전혀 논의조차 되고 있지 않는 현실이 안타까워 객관적 입장에서 기록을 남겨야겠다는 절실함 때문에 사실 이 글을 시작하게 되었다.

KTX가 성공적으로 개통하고 난 후 너도나도 어떤 기여를 했다고 자평하는 이들이 많은데 그들 중 일부는 때로는 KTX 추진 과정에서 엄청난 방해를 했거나, 혐오에 가까운 언행을 했던 이들이 있다는 사실은 쓸쓸함을 넘어 분노를 불러일으킬 정도이다. 그에 비해 김창근 장관은 너무도 잊혀지고 있다는 안타까움이 크다.

"1988년 12월 5일 만일 그가 당시 교통부 장관으로 오지 않았다면 우리나라 KTX가, 인천국제공항이 과연 오늘같이 존재할 수 있었을까?"라고 스스로 자주 묻곤 한다. 만일 그가 없었다면 우리나라 KTX는, 우리나라 인천국제공항은 아예 착공조차 못 했거나, 경부선 철도와 김포공항이 용량 포화상태로 거의 제 기능을 할 수 없는 상태에서 겨우 착공했거나 둘 중 하나였을 것이라고 확신한다. 그만큼 그의 역할은 결정적이었다.

이 장에서는 그에 관한 기술을 하고자 한다.

김창근 장관을 개인적으로 평하자면 선이 굵으면서도 판단력은 예리했다. 기억력이 무척 좋았고 중요한 일을 결정할 때는 상당히 섬세했다고 기억된다.

그는 1930년 10월 22일 경상북도 안동군(현 안동시) 녹전면 신평리에서 태어났다. 영주농업고등학교 재학 중 민주학생연맹을 결성하여 우익 청년 활동을 전개할 정도로 일찍부터 정치 문제에 관심을 보였다. 이후 서울 중앙고등학교에 진학하였으며 1957년 서울대학교 문리과대학 정치학과를 졸업하였고, 졸업 후에는 필리핀 국립대학교 행정대학원으로 유학을 가서 1960년에 수료하였다. 이후 대한민국 육군 장교에 임관되어 소령으로 예편하였다.

그리고는 1963년 당시 민주공화당 후보로 영주군-봉화군 선거구에 출마하여 제6대 국회의원과 제7대 국회의원을 지냈다.

1971년 제8대 국회의원 선거에서는 민주공화당 후보로 경상북도 영주군 선거구에 출마하여 당선되었다. 그러나 같은 해 당시 박정희 대통령에 대한 '10·2 항명 파동' 때 가담자로 몰려 당시 중앙정보부에 끌려가 고초를 당하게 된다. 이 사건을 계기로 이후 1988년 12월 교통부 장관에 임명될 때까지 우여곡절의 정치 역정을 겪게 된다.

김창근 장관의 면모를 알기 위해서는 소위 '10·2 항명 파동'

을 이해할 필요가 있다. '10·2 항명 파동'은 1971년 10월 2일 당시 박정희 대통령이 총재로 있던 여당인 민주공화당 내 일부 국회의원들이 당시 야당이던 신민당이 서울 무허가 판자촌을 무리하게 철거하면서 일어난 광주 대단지(오늘날 성남시) 사건과 그 유명한 실미도 사건을 이유로 오치성 내무장관에 대한 해임 건의안을 제출했는데 이에 가담하여 찬성 107표, 반대 90표, 무효 6표로 가결되는 대이변을 말한다. 이런 결과가 나온 데는 당시 여당 국회의원 20여 명이 여러 가지 복잡한 사정이 있었지만, 결과적으로는 사실상 1969년 3선 개헌을 하였던 박정희 대통령에 대한 도전, 즉 항명을 하였기 때문이라는 해석이 많다. 당시 이들은 중앙정보부에 끌려가 혹독한 고문을 받고 사실상 정치생명도 끝이 나는 결말을 보게 된 사건이다.

김창근은 3선의 중진 국회의원이었으나 1972년 10월 유신 쿠데타가 일어나자 이 사건이 원인이 되어 국회의원직을 상실하게 된다. 이듬해인 1973년 제9대 국회의원 선거에서는 공천도 탈락되었다. 그러다가 1978년 제10대 국회의원 선거에서 다시 민주공화당 후보로 공천을 받아 영주군-봉화군-영양군 선거구에 출마하여 신민당 박용만 후보와 동반 당선되었으며, 1979년에는 민주공화당 정책위 의장까지 지내게 된다.

그러다가 1980년 11월 당시 전두환 정권에 의해 정치활동 규제 대상자가 되었으며 이를 계기로 1984년 5월 김영삼계, 김대중계 정치인들과 함께 민주화추진협의회('민추협')를 발족할 때 핵심 요원으로 참여하였으며 이듬해 1985년 정치 규제에서 풀리자 바로 신한민주당에 입당했다. 그러다 1987년 김영삼이 신한민주당을 탈당하여 통일민주당을 창당하자 곧바로 통일민주당에 입당했으나, 1988년 제13대 국회의원 선거를 앞두고 통일민주당을 탈당하여 무소속으로 경상북도 영주시-영풍군 선거구에 출마하였지만 낙선하였다. 이후 다시 복당하여 통일민주당 정무위원을 맡았다.

그러다 1988년 12월 교통부 장관에 임명되어 1990년 3월까지 재직하였다.

♥ 힘을 가진 김창근 교통부 장관 임명의 의미

1988년 12월 김창근 교통부 장관 임명이 발표되자 당시 조야에서는 야권 쪽 인물이라 화제가 되었다. 비5공 인물임을 본인이 자처하였고 박정희 대통령 시절 '10·2 항명 사태'의 주역 중 한 명으로 인식되었을 뿐 아니라 야당계 핵심 인사들이 모인 '민추협' 결성의 핵심 인물이었으며, 당시 야당이었던 통일민주당의 정무위원을 지낸 인물이었기 때문이다.

그 배경을 알기 위해서는 당시 여소야대 정국 구도와 이후 1990년 1월 22일 발표되어 정계의 지각변동을 일으킨 당시 집권 여당 민주정의당과 야당이었던 통일민주당과 신민주공화당이 합당하여, 1990년 2월 거대 여당인 민주자유당이 탄생한 '3당 합당'에 관한 이해를 할 필요가 있다고 본다. 이는 단순히 정치적 상황 변화에 따른 장관 임명 과정을 설명하기 위해서가 아니라 어떤 배경으로 김창근이란 인물이 교통부 장관에 임명되었기에 KTX 결정에 지대한 영향을 미쳤는지를 알기 위하여 필요한 과정이기에 '3당 합당'이란 정치적 사건을 들여다보고자 하는 것이다.

어느 부처나 장관이란 자리는 여러 경로를 통해 충원된다. 정통 관료 중에서 해당 부처 출신이나 그 부처가 아닌 다른 부처 관료 중에서 임명될 수도 있고, 우리나라만의 독특한 형태지만 의원내각제가 아닌 대통령제 국가임에도 현역 국회의원 중에서 임명되기도 한다. 또 전직 국회의원 경력이 있는 정치인이나 때로는 군인, 학자, 언론인, 기업인 등 다양한 배경의 인사들이 장관으로 임명된다. 김창근 장관은 정치인 출신으로, 그것도 당시로 보면 집권당이 아닌 야당 성향의 인물이었는데 임명 당시엔 모두 궁금했었지만 지나놓고 보니 당시 정치권의 큰 변화인 3당 합당을 추구하는 핵심 인물 중 한 명으로 입각하게 된 것이었다. 그러기에 여타의 정치인 출신과도 다르게 무게감이 있었고, 당신 스스로도 무언가 국가의 백년대계를 걱정하는 얘기를 자주 하곤 했었다.

그리고 본인의 직책은 교통부 장관이었지만 장관 이전에 국무위원이고 국무위원은 국정 전반에 관해 책임을 진다는, 일반적인 장관과는 상당히 결이 다른 모습을 보여주곤 했다.

아마도 임명 동기 자체가 다른 장관들과 달랐기 때문에 더더욱 그랬을 것 같다.

다른 장관들은 대통령 비서실장과의 통화도 신중하였는데 김 장관은 수시로 비서실장과도 통화하였고 때로는 대통령과도 직접 통화를 하곤 했었다. 대외적으로는 힘없는 교통부 장관이었지만 말 그대로 실세 장관이 부임한 것이다. 다른 중요한 부처 장관을 맡을 경우 세간의 이목을 끌거나 주어진 본연의 일만 처리하기에 바빴을 것이기 때문이란 생각이 장관을 가까이 모실 때마다 들곤 했었다.

그러나 역설적으로 보면 당신에게 주어진 정치적 소임뿐만 아니라 교통부 장관으로서도 최대의 치적을 남긴 셈이 되었다. 호방하면서도 치밀한 성격 때문에 장관으로서, 국무위원으로서 공식·비공식 임무를 다할 수 있지 않았나 생각한다.

또 그런 중요한 임무를 띠고 장관으로 임명되었기에 KTX나 인천공항 같은 단군 이래 최대 역사를 출범시킬 수 있는 실질적 힘을 가지고 있었던 것이라고 판단된다.

그러기에 김창근 장관은 당시 '3당 합당'의 정치적 대사건과 함께 우리나라 교통 역사에도 큰 획을 긋게 되었다. 아마도 '3당 합당'이란 대의명분이 본인에게 주어진 시대적 사명이라고 생각하고 이를 위해 교통부 장관으로 부임하였지만, 일단 부임한 이후에 교통부 업무를 파악하는 과정에서 고속전철과 새로운 국제공항의 건설도 당신에게 주어진 시대적 소명이라고 생각하는 모습을 여러 차례 볼 수 있었다.

그러면 김창근 장관이 고속전철과 인천국제공항을 주도하게끔 교통부 장관으로 임명되게 한 '3당 합당'의 과정을 살펴보기로 한다.

이 3당 합당이란 큰 역사적 물줄기를 트는 데 김창근 장관의 독특한 이력이 분명히 큰 힘을 보탰고, 그러하였기에 단순한 교통부 장관으로서 보다 더 큰 영향력을 행사할 수 있어서 KTX나 인천공항이란 우리나라 교통 역사상 금자탑 같은 두 거대 프로젝트를 진행할 수 있었다고 믿기 때문이다. 이러한 부분이야말로 KTX와 인천공항의 성공을 얘기할 때 그동안 잘 알려져 있지 않았던 부분이다.

● '3당 합당'의 계기, 제13대 대통령 선거 결과

1987년 12월 16일 치러진 제13대 대통령 선거는 그해 6월 항쟁의 결과 치러졌으며, 당시 민주화 투쟁의 선봉에 섰던 김대중, 김영삼 양대 민주화 산맥의 분열 때문에 민주정의당 노태우 후보가 대통령에 당선되는 결과를 낳았다는 것이 중론이었다.

당시 선거 결과를 보면 민주정의당 노태우 후보 36.64%, 통일민주당 김영삼 후보 28.03%, 평화민주당 김대중 후보

27.04%, 신민주공화당의 김종필 후보 8.06%로 당시 집권 여당 민주정의당이 승리하였지만 후보의 득표율 36.64%는 실망스러운 부분도 있었다. 물론 역사에서 만약이란 단어는 무의미한 것이지만 김영삼, 김대중 양 후보가 단일화하여 소위 PK와 호남의 득표율을 합하였더라면 민주 야권의 후보가 압승했을 것이란 추측도 가능하다.

사실 이후 선거에서도 단일화로 다른 후보의 지지층을 흡수하여 당선된 사례는 두 번 더 있었다.

제15대 대선에서 호남과 충청연합인 김대중과 김종필의 DJP 연합으로 김대중 대통령이 당선되었고, 16대 대선에서는 울산을 대표하는 정몽준과 부산·경남을 대표하는 노무현의 단일화로 노무현 대통령이 당선되었던 사례가 있다.

반면 13대 대통령 선거에서는 양 김의 단일화 무산으로 야당이 졌지만 이듬해 1988년 4월 26일 치러진 13대 총선에서는 여당인 민주정의당이 125석, 평화민주당이 70석, 통일민주당이 59석, 신민주공화당이 35석 등으로 대한민국 헌정사상 처음으로 집권 여당이 과반수 획득에 실패하는 소위 '여소야대'의 국회 상황이 되고 말았다.

이러한 상황은 늘 압도적인 제1당의 입장에서 일사불란하게 국정을 운영해 왔던 당시 여당으로서는 모든 것이 불편했고 익숙하지 않은 상황이었을 것이다.

4개의 정당이 의석을 절묘하게 나눠 가져서 어떤 정치세력

도 단독으로는 아무것도 처리할 수 없었기 때문에 오히려 대한
민국의 민주화 과정에서는 자연스럽게 긍정적인 변화도 많이 일
어난 계기가 되었다고 생각된다.

'3당 합당'과 김창근

그동안 항상 과반수를 차지하던 제1당이 독식하던 국회부
의장과 상임위원장을 정당 의석수대로 배분하는 관례가 생기게
되었다. 그리고 모든 법률/예산 심사와 국회 통과가 여야 4개 정
당의 협상으로 처리되는 민주적 절차가 당연시되게 된 것이다.

당시 한국 정치의 고질적 병폐였던 집권 여당의 날치기와
이를 막기 위한 야당의 국회 점거 농성이 사실상 없어졌었다. 서
로 주장을 하면서도 대화와 타협으로 문제를 해결해 나가는 진
정한 민주주의 본연의 모습을 헌정사상 처음으로 구현했던 시기
로 우리나라 민주주의의 새로운 면모를 보여준 것으로 평가되기
도 한다.

그뿐만이 아니라 사회적으로는 당시 전두환 정권을 이어받
은 노태우 대통령이었지만 국민의 진정한 민주화에 대한 열망과
여소야대라는 정국의 현실로 인해 이전에는 감히 생각하기도 어
려웠던 5·18 민주화 운동, 언론통폐합과 같은 군사정권의 어두
운 면을 파헤치는 국회 청문회가 개최되었다. 그리고 직전 대통

령으로 사실상 무소불위의 권력을 휘둘렀던 전두환 정권의 권력형 비리와 전두환 전 대통령 당사자와 일가 측근들의 비리에 대한 검찰 수사를 진행하여 사법처리나 정계 강제 퇴출을 단행할 수 있었다. 당사자인 전두환 전 대통령은 백담사로 사실상 귀양길을 떠났으며 종국에는 엄중한 죄명으로 영어의 신세에까지 이르게 되었다.

이 밖에도 학생운동, 노동운동, 시민사회 운동뿐만 아니라 남북 관계에까지 지금까지와는 완전히 다른 양상이 벌어지면서 그야말로 대한민국은 산업화 이래 초유의 대변혁을 불러일으키는 계기가 되었다고 해도 과언이 아니다.

이러한 각 분야의 다양한 목소리는 그동안 군대식으로 일사불란하게 국정을 운영해 왔던 기존 집권 세력에게는 중대한 위협이었을 뿐 아니라 적절하게 통제하기에도 불가능하게 보였을 것이다. 여기에 5공 비리 공개와 서울 올림픽 이후 급격하게 대두된 부동산 가격 폭등과 살인적인 인플레 현상은 대통령과 집권당에 대한 지지율 급락으로 이어졌다.

이러한 상황에서 노태우 대통령과 민정당은 이런 위기를 일거에 반전시킬 수 있는 대안을 찾지 않을 수 없었고, 그 결과로 야당과의 합당을 통한 정계 대개편 구상을 하게 됐다.

그 과정에서 당시 평화민주당, 통일민주당, 신민주공화당 모두와의 통합을 목표로 시작하였다고 알려져 있으나, 결과적으로는 범보수 진영이라고 볼 수 있는 김영삼의 통일민주당과 김종필의 신민주공화당과의 '3당 합당'이 이루어졌다.

이러한 과정의 시초에 과거 공화당에서 정치역정을 시작하고 우여곡절을 겪었던 경력이 있는 인사들 중 김창근에게 모종의 역할을 주문하며 교통부 장관으로 입각하게 하였다는 것이 1988년 12월 장관 부임 후 여러 동향에서도 감지가 되었다. 그리고 1990년 1월 22일 '3당 합당'이 공식 발표된 이후에는 사실상 당시 대통령 비서실장으로 내정되었다는 설이 많았다. 김창근 장관 본인도 그런 뉘앙스의 얘기를 했었는데, 진위 여하를 떠나 갑작스럽게 폐암이 재발하여 더 큰 뜻을 이루지 못하고, 치료를 위하여 1990년 3월 18일 장관직을 이임하게 되는 안타까운 상황이 되었다.

전말이 이러하였기에 당시 국무위원 자격으로 굵은 목소리도 냈었지만 역대 어떤 교통부 장관보다 무게감이 있어서 그 어렵고 지지부진했던 고속전철과 인천국제공항 사업을 범정부적으로 추진할 수 있는 기반을 만들 수 있었던 것이다.

당시의 여소야대 상황과 '3당 합당' 사건의 이런 배경을 놓고 보면 교통부와 우리나라 국민 모두에게 큰 운을 가져다준 정치적 계기였다고 생각한다. 덧붙인다면 당시 그토록 어려운 정국에서 노태우 대통령이나 김대중, 김영삼, 김종필 같은 여야의 정치인들이 보여준 정치력이나 대화와 타협을 이끌어 가는 모습을 경제적으로 더 선진화되고 성숙한 국민들이 있음에도 지금의 정치인들에게서는 왜 볼 수 없는지 그저 안타까울 따름이다.

역으로 생각하면 '지금의 정부나 여야 정치인들이었다면 고속전철, 인천국제공항 같은 수준의 의사결정을 할 수 있었을까?' 하는 의문이 들 뿐이다.

김창근 장관 부임 후
숨 가빴던 고속전철 의사결정

02

고속전철 의사결정에 관한 공식 기록

우리나라 고속전철이 1992년 6월 20일 착공되었다는 것은 쉽게 알 수 있다. 그러나 언제 정부 차원의 의사결정이 있었느냐에 관해서는 아직 명확한 해석이 없었다고 볼 수 있다.

고속전철 업무를 직접 담당했던 필자로서도 약간은 곤혹스러운 부분이었지만 최근 관련 문서들을 확인한 결과 1989년 3월 당시 관계 부처인 교통부, 건설부, 국방부, 총무처 장관과 경제기획원 부총리, 국무총리 모두가 서명하고, 노태우 대통령 서명까지 있는 소위 대통령 재가 서류인 '고속전철 및 신국제공항 건설 계획'으로 사실상 정부 차원의 추진 방침이 확정된 것이라고 볼 수 있다.

이는 김창근 장관이 1988년 12월 5일 부임한 후 불과 3개월여 만에 이루어진 것이다. 장관 부임 후 대통령에 대한 첫 신년 업무보고가 1989년 3월 21일에 있었는데 고속전철에 관한 내용은 다음과 같다.

'전 국토 주요 거점 도시의 2시간대 생활권화를 위한 고속전철망을 구축'하기 위하여 다음과 같이 보고되었다.

경부고속전철 건설
- 1989~1990년 기술적 조사 및 기본계획 확정
- 조기 착공 추진(공기 7년)
- 경부 신선과 호남선 연계 방안 강구

서울-영동 간 동서 전철 건설
- 1988년 5월~1989년 5월 타당성 조사
- 1989년 6월~1990년 기본설계(20억 원)
- 1991~1955년 건설

이후 약 2개월도 못 되는 1989년 5월 8일 '고속전철 및 신 국제공항 건설 계획'을 정부 관계 부처 장관, 부총리, 총리를 거

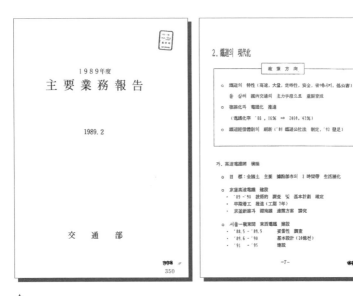

▲
1989년 2월 교통부 업무보고

처 대통령 재가까지 받게 된다. 이 계획에는 그해 2월 대통령에
대한 신년 업무보고보다 더 세부적으로 건설 계획을 명기하게
되는데, 건설 기간과 사업비까지 구체화되어 있다.

1. 경부고속전철 건설

• 서울-부산(약 388km) 복선 신선 건설

• 운행 속도: 평균 200km/h 이상

• 건설 기간: 7년(1991년 8월~1998년 8월)

• 소요 자금: 3조 5,000억 원(국고 지원)

2. 동서고속전철 건설

- 서울-동해안(약 240km) 복선 신선 건설

- 운행 속도: 평균 180km/h 이상

- 건설 기간: 5년(1991년 8월~1996년 8월)

- 소요 자금: 1조 3,000억 원(국고, 개발이익 및 민자)

물론 고속전철사업에 대해서는 1970년대 말부터 숱한 논의가 있어 왔기에 건설에 관한 추진 계획을 만드는 것은 크게 어려운 일이 아니었다. 그러나 그동안 사실상 누구도 책임 있게 정부 내의 관계 기관 모두의 동의를 받아낸 적도 없었기에 1989년 5월 관계 부처 장관이 모두 서명하고 국무총리, 대통령까지 재가하였다는 것은 사실 지금 다시 돌이켜 생각해도 놀라운 속도의 진전이었다. 이 부분이 그동안 우리나라 고속전철을 얘기할 때 사실상 공백으로 있었던 주요 시기이다.

김창근 장관 부임 후 실로 반년도 안 된 사이에 이루어진 역사이다. 더욱이 꼭 기술해야 할 부분은 김창근 장관은 부임 때 고속전철에 대해서는 아주 극도의 부정적인 시각을 가지고 왔었다는 점이다.

부임 후 첫 업무보고 시부터 워낙 냉랭한 반응을 보였기에 '고속전철'은 입도 뻥긋하지 말자는 분위기였는데 6개월도 되지 않는 짧은 기간에 본인의 생각을 바꾸고 그 이전까지 엄두도 못 내던 관계 부처 모두를 동참시켰다. 나아가 최고 의사결정권자의 결심을 받아낸 것은 김창근 장관의 예리한 판단력, 유연한 사고, 과단성 있는 결정력, 노련한 정무 감각이 발휘되었기에 가능한 일이었다고 직접 주요 과정 과정마다 옆에서 보좌하면서 봤었기에 기록할 수 있는 부분이다.

"자동차 시대에 무슨 고속전철?" 취임 후 첫 업무보고 시 김창근 장관의 대갈일성

서울 올림픽이 1988년 9월 17일부터 10월 2일까지 성공적으로 개최된 이후 그해 연말 12월 5일 단행된 개각에서 군 출신의 이범준 장관이 물러나고 당시로는 야권 인사였던 김창근 장관이 부임하는 전혀 뜻밖의 인사에 당시 교통부의 간부들은 모두 긴장 속에서 새로운 장관을 맞이하게 된다.

취임 다음 날부터 시작된 신임 장관에 대한 실·국별 보고는 모두 긴장 속에서 이루어졌는데 처음 기획관리실의 보고가 끝나고 두 번째로 수송정책국의 보고가 있었다. 나름 최대한의 정성을 들여 작성한 자료를 들고 보고를 다녀온 당시 한지연 수송정책국장과 성기수 수송조정과장으로부터 전해 들은 보고 당시 분위기는 고속전철 때문에 살얼음판이었다는 것이었다.

한지연 수송정책국장과는 육상교통국장 때 이후로 1987년 7월 철도 업무를 맡으면서 두 번째로 함께 모시고 일하게 되었다. 교통부 정책 업무를 총괄하는, 늘 바쁜 자리임에도 워낙 정책 감각이나 정무적 판단까지 빨라 함께 일하기가 너무 편했다.

특히 젊은 사무관들의 정책 마인드를 개발해 주고 이끌어 주는 분위기를 만들어 내는 데는 탁월한 역량을 가지고 있었다. 육운 국장 시절 이헌석 도시교통과장과 함께 도시교통정비 촉진법 제정, 교통영향평가제 도입, 교통개발연구원 설립, 각 대학 교통 관련 학과의 설치 등에 관한 많은 일들을 정말 효율적으로 이끌어 갔었다. 수송정책국에서도 고속전철 건설, 화물 유통법 제정과 같은 새로운 정책이나 제도의 도입에도 적극적이어서 오늘날 교통행정의 큰 초석을 쌓았다.

이후 수송조정과장으로 부임한 성기수 과장도 당시 과장으로서 적은 나이가 아니었음에도 불구하고 행정 처리 솜씨나 열정은 누구 못지않아 한지연 국장과 소위 '콤비'가 너무 잘 맞았기에 추진하기 쉽지 않은 고속전철 업무를 아주 합리적으로 끌고 나갔었다.

1988년 12월 김창근 장관 부임 후 각 실·국별로 업무보고가 있었는데 당시 수송정책국의 한지연 국장과 성기수 과장이 들어가 고속전철 추진에 관한 그동안의 경위와 추진 계획을 대통령 공약사업임을 언급하며 보고를 시작하자마자 "아니, 자동차 시대에 무슨 고속전철?"이란 장관의 대갈일성이 떨어졌다고. 그 이후 제대로 보고도 못 하고 나왔다는 것이다.

행정고시 3회 수석 합격자였던 한지연 국장과 당시 성기수 수송조정과장은 정말 열정적으로 고속전철 업무를 챙겨 왔었다. 하지만 한지연 국장은 장관 보고 후 "앞으로 고속전철은 얘기도 못 꺼내겠는데…"라며 말을 잇지 못했다. 성기수 수송조정과장은 "야, 인제 고속전철의 '고'자도 꺼내지 말자"라며 책상 옆으로 보고 서류들을 밀쳐 버렸던 것이 지금도 또렷이 기억난다. 그만큼 신임 장관의 반응이 워낙 격렬했었다.

'그 1년 반 동안 온갖 우여곡절을 겪으며 불씨를 살려왔는데 이렇게 허망하게 접어야 하나'라는 허탈감이 한꺼번에 밀려왔다. 그렇다고 일개 사무관이 장관에게 직접 보고할 수 있는 분위기도 아니었기에 상황이 흘러가는 것을 두고 볼 수밖에 없었다.

Episode,
사무관과 장관

03

영어에 능통한 장관의 통역 담당 사무관

　그러나 김창근 장관에게 고속전철에 관해 말씀을 드릴 기회는 생각보다 엉뚱한 곳에서 찾아왔다. 당시 고속전철 관련 계획들이 대선공약에 반영되고 가시화됨에 따라 관련 기술이나 운용 경험에서 앞서 있던 프랑스와 일본에서는 차량 제작 업체를 중심으로 한 민간 업체와 양국 정부 차원에서 한국 고속전철에 대한 관심이 매우 고조되고 있었다.

　특히 프랑스는 차량 제작 업체인 Alstom사 못지않게 프랑스 정부와 국영철도회사인 SNCF까지 혼연일체가 되어 적극적으로 우리 정부와 각계 요로에 한·불 고속전철 협력 분위기를 띄워가고 있었다. 우리 언론을 대상으로 기자단의 초청뿐 아니라 우리 정부 관계자들도 적극적으로 초청하거나 프랑스 관계자들이 한국을 방문했다. 이에 일본 정부도 프랑스에 뒤질세라 적극적으로 나서서 우리 관계자들을 초청도 하고 일본 측 인사들이 직접 교통부나 철도청을 방문했다. 신임 장관이 부임하면 외부 인사로는 제일 먼저 주한 프랑스 대사나 일본 대사가 부임 인사차 방문 요청을 하였고, 뒤이어 프랑스와 일본 본국의 사절단이 방문 요청을 했다.

당시 고속전철과 관련하여 우리나라를 찾은 인원이나 우리나라 관계자의 현지 방문 횟수는 일본에 비하면 프랑스가 압도적으로 많을 만큼 프랑스가 훨씬 더 적극적이었다. 신임 김창근 장관이 부임하자 우선 프랑스 대사가 제일 먼저 장관 예방 신청을 했는데, 장관의 고속전철에 대한 인식을 잘 알기에 누구도 선뜻 이 사실을 장관께 보고하기를 꺼릴 정도였다.

결국 당시 장관 통역 역할을 하던 필자가 면담 자료를 가지고 사전 보고를 들어가서 장관을 처음 대면하게 되었는데, 사진이나 국·과장으로부터 전해 들은 대로 강단 있는 엄한 외모에 무게감이 느껴져 그저 조심스러울 뿐이었다. 워낙 애송이 같은 사무관이어서인지 프랑스 대사의 방문 목적과 말씀 요지를 보고하자 생각 외로 "만나주지 뭐" 하시면서 자료를 한번 훑어보는 것이었다. 격한 반응을 보이시거나 만나지 않겠다고 하실까 봐

내심 걱정했지만, 워낙 다방면의 경험이 많아서인지 공식적 입장과 개인 생각을 잘 구분하고 정리하고 계셨다.

당시 장관의 외빈 접견 시 영어 통역을 담당하고 있었지만 그때나 지금이나 장관 통역을 할 정도의 실력은 안 된다고 생각하지만, 당시만 해도 영어를 잘 구사하는 사람이 부족했다. 그리고 외부의 전문 통역사를 불러오면 업무에 대한 전문성이 떨어져 장관들이 무언가 부족함을 느껴 어쭙잖은 실력의 통역관 역할을 몇 년째 하고 있었다.

당시 가장 긴장하던 때는 새로 부임한 장관이 제일 처음 외빈을 접견할 때였다. 어느 장관이든 장관께서 영어를 어느 정도 하시느냐에 따라 긴장도가 달라지기 때문이다. 이전의 손수익 장관 같은 분은 말씀은 능통하게 잘하지 못하셨지만, 이해는 완벽히 하고 일상 대화는 불편 없이 하는 경우여서 상대방의 대화를 놓치고 통역하는 경우 통역을 하는 필자에게 "이런 내용을 추가로 설명해 주라"고 차분히 말씀하셨기에 통역을 할 때마다 늘 긴장 속에서 할 수밖에 없었다.

김창근 장관의 경우 워낙 불같은 성격이란 얘기 때문이기도 하지만 미국에서 반 망명에 가까운 생활을, 그것도 미국 버클리 대학 연구실에 적을 두고 계셨다는 이력을 알고 있었기에 긴장하지 않을 수 없었다. 그런데 공교롭게도 첫 외빈 접견 직전 미국 버클리에 계실 때 가깝게 지냈다고 들었던 한반도와 아시아 문제의 세계적 석학인 로버트 스칼라피노 교수로부터 장관 취임

축하 전화를 받게 되었다. 장관께서 전화를 받자마자 "Hi, Bob!" 하면서 능통하게 대화를 이어가는 모습을 옆에서 지켜보면서 '어설픈 통역관'이 과연 필요할지 모르겠다는 생각이 들었다.

당연히 초긴장 상태에서 통역할 수밖에 없었는데 장관께서는 면담 내내 영어를 쓰지 않고 우리말로 진행하셨다. 진땀을 흘리며 통역을 했는데 면담이 끝나고 외빈이 가신 직후 "영어는 어디서 배웠나"라고 물으셔서 종합상사 근무하며 익힌 영어로 통역을 했고, 최근에 2년간 영국 유학을 다녀왔다고 말씀드리니까 "잘하네, 수고했어"라고 하셔서 안도의 한숨을 쉬고 나왔다.

나중에 장관과 조금 친숙한 사이가 된 후 어느 날 장관께 영어를 능통하게 잘하시는데 굳이 왜 저 같은 통역을 쓰시느냐고 했더니 "일국의 장관이, 특히 외국 사람을 만나서 만에 하나 실수를 하게 되면 안 되기 때문"이라고 말씀하셔서 또 한 번 김창근 장관의 세심함을 느꼈다.

"고속전철이 왜 필요한데? 이거 읽고 정리해서 보고해 봐"

프랑스 대사와의 면담은 아주 순조로웠다. 장관이 프랑스 고속전철의 우수성에 대해선 우리도 배울 게 많고, 양국 간의 협력 필요성에 대해서도 자연스럽게 얘기하셔서 당시 프랑스 대사도 아주 흡족해하며 돌아갔다. 이런 과정에서 얼마 뒤 프랑스 교통부 고위 관계자가 주축이 된 정부 측 대표단의 예방이 있었고, 관례에 따라 워커힐에서 만찬 행사가 있었다.

사전에 도착하여 장관께서 오시길 기다렸다가 면담 자료를 보고하는데 고속전철에 대해 또 부정적인 말씀을 하시길래 순간적으로 "장관님, 사실은 우리나라 교통 정책이 땅덩어리가 넓은 미국식 도로, 자동차 위주의 교통 시스템을 받아들인 게 문제입니다. 유럽, 일본과 같이 좁고 인구가 밀집된 지역에서는 대량 수송 체계인 철도가 더 효율적이기 때문에 자동차보다 고속전철을 중심으로 한 철도 수송에 치중하는 것입니다. 우리도 유럽이나 일본과 같이 가야 합니다"라는 취지로 말씀드리자 어이가 없는 듯 한참 쳐다보시더니 아무 말씀도 하지 않으셨다. 얘기를 해놓고서도 순간 '아차, 이거 또 크게 야단맞는 거 아닌가?' 하는 생각이 들어 조심스러웠는데 더 이상 언급하지 않으셨다.

그 이후 한 달 남짓한 사이에 일본, 독일 측 인사들의 방문이 이어졌고 그런 과정들이 몇 번 더 있었다. 그러다 새해 들어 어느 날 장관께서 부르신다고 하여 무슨 일인지 모르지만 긴장하고 들어갔는데 장관께서 책을 몇 권 주시면서 "고속전철이 왜 필요한데? 이거 읽고 정리해서 보고해 봐"라고 하시는 것이었다.

누구한테 구했는지 몰라도 고속전철에 관한 일본어와 영어로 된 서적 세 권이었다. 짧은 일본어 실력과 영어 실력을 총동원하여 며칠 밤낮을 새며 내용을 7~8장 남짓으로 요약해 보고했다. 아쉽게도 당시 책자는 돌려드렸고 보고자료는 찾을 수 없지만 기억으로는 일본과 프랑스 고속전철 추진 역사와 배경, 개통 후 실적과 효과, 그리고 그동안 장관께 말씀드렸던 일본과 프랑스가 철도 수송에 중점을 두게 된 국토, 인구 측면의 특성 등에 관해 보고했다.

장관께 자료를 드린 2~3일 후 또 부르시더니 "그러면 앞으로 어떻게 해야 하나?"라고 단도직입적으로 물으셔서 처음엔 무슨 얘기인가 하고 대답하지 못하고 있으니까 "아, 고속전철 해야 된다며! 그러면 뭘, 어떻게 해야 하느냐고"라고 말씀하셨다.

그래서 엉겁결에 "전문가가 많지는 않지만 우선 전문가들한테 들어보시고 외국 현지를 직접 한번 가보시죠"라고 답변하니 즉석에서 "그럼 전문가를 불러 봐라" 하시는 것이었다.

정말 짧은 시간에 급반전이었다.

강한 것 같으면서도 사고의 신축성이 놀라울 정도였다. 불과 2개월여 만의 변화였다. 지금도 김창근 장관에게 머리가 숙여지는 부분이다.

📍 **장관이 수시로 찾은 전문가 그룹,**

**교통개발연구원 차동득 부원장, 철도청 최강희 시설국장,
김재근 전기국장**

장관께 고속전철 관련 전문가들을 만나보시라고 건의드렸
지만, 기실 당시 우리나라에 고속전철 관련 전문가는 없었다. 그
렇기 때문에 앞으로 이런 최첨단의 대규모 사업을 추진하기 위
해서는 모든 인적·기술적·물적 역량을 모두 활용할 수밖에 없었
다. 그리고 국내의 관련 학계, 업계의 전문 인력도 찾아서 전문
성을 키워 나갈 수밖에 없다고 판단하였다.

우선은 지적 탐구심이 왕성하면서도 성격 또한 급한 장관에게 고속전철 추진에 관한 뚜렷한 방향성을 가지고 설명하고 설득해 나갈 수 있어야 하고, 관련 인력을 모으고 통솔해 나갈 수 있는 역량이 있는 전문가를 찾기가 쉽지 않았다. 특히 국내 연구기관들도 많았지만 어느 한 기관도 고속전철과 관련한 전문 연구기관이나 전문가는 없었기에 사실 난감한 측면도 없지 않았다.

1980년대 후반만 해도 서울과 부산의 지하철이나 수도권 전철 건설과 같은 사업이 철도 분야의 주요 사업이었다. 지역 간 철도라고 해야 기존 철도의 개량 사업 정도를 추진하고 있는 정도였고, 전국의 철도기술사라고 해야 은퇴 단계에 접어든 사람들까지 합해도 모두 15명 내외에 불과한 수준이었다.

고속전철 전문가는 아예 없다고 생각하고 그나마 장관께 프랑스, 일본, 독일의 해외 사례와 우리나라에서 추진할 경우 진행할 경제적·기술적 타당성 조사 추진에 관한 조언이라도 드릴 수 있는 그룹을 선별한 결과 당시 교통부가 설립한 교통개발연구원의 차동득 부원장과 철도청의 최강희 시설국장, 김재근 전기국장으로 압축해서 장관께 보고드렸다. 장관께서 직접 이 세 사람을 바로 보자고 하셔서 허겁지겁 이분들께 연락을 드리고 장관 보고를 준비해 달라고 하자 모두 무엇을 어떻게 보고할지부터 궁금해하고 막연하게 생각했다. 하지만 막상 보고 날짜가 되자 나름대로 해외 사례와 우리나라에서 추진할 경우의 대안 노선, 추진 방안에 대한 기본 생각을 최선을 다해 정리해 오셨다. 처음 장관께 보고하던 날은 다들 긴장했지만 장관께서 질문하시는 내용에 대해 비교적 만족할 만한 답변을 했다.

특히 고속전철 건설과 관련한 국토 여건과 경제성 등에 관해서는 차동득 박사께서, 노반이나 차량 등에 관한 기술적인 분야는 최강희, 김재근 두 국장께서 열성적으로 준비를 해오고 장관과 논의했었기에 장관께서 상당히 만족하시고 이후에도 계속 논의하자고 하시며 첫 번째 보고를 마쳤다.

때로는 날카롭게, 격정적으로 따지고 질문하셨지만 차동득 박사 역시 노련하고 침착하게 불같은 성격의 김창근 장관을 설득하고 이해시켜 나갔다.

이 세 사람은 이후 수개월간 장관과 함께 수시로 고속전철에 대해 논의하였고, 1989년 5월의 독일, 프랑스, 일본 해외 고속전철 시찰에도 동행하며 우리나라 고속전철 역사의 밑그림을 그리는 데 중요한 역할을 하게 된다.

이 당시 교통개발연구원의 차동득 박사를 보좌하여 실무 연구와 연락을 담당한 서선덕 박사, 양근률 박사와 철도청의 신종서 과장, 서상교 사무관의 노고도 우리나라 고속전철 역사에 함께 소중하게 기록되어야 한다고 생각한다.

그림자 자문 그룹,

철도 차량 제작회사의 숨은 공로자들: 대우중공업 김형국 상무, 현대중공업 한규환 부장, 한진중공업 이종찬 차장

교통개발연구원과 철도청 관계자들이 고속전철 관련 정책이나 효과 등에 관해서는 나름대로 열심히 조사하여 장관과의 토의 시 많은 뒷받침을 할 수 있었지만 차량이나 기술적인 문제에 대해서는 한계가 있었기에 이 분야는 또 다른 전문가 그룹을 찾을 수밖에 없었다.

그래서 한편으로는 당시 국내의 철도 차량 제작업체였던 현대중공업, 대우중공업, 한진중공업 관계자들로부터 추천을 받은 전문가 그룹이 현대중공업의 한규환 부장과 한진중공업의 이종찬 차장이었다.

이 두 사람은 철도 차량에 대한 기술 분야 전문가들이어서 프랑스 TGV, 일본 신칸센, 독일 ICE의 고속전철 차량에 관한 기술적 특성이나 제원 등에 관한 분야나 신호, 통신, 궤도 등에 관한 각종 비교 데이터도 정말 성심성의껏 회사의 이해관계를 따지지 않고 최선의 노력을 다해 찾아주고 자문을 해줬다.

당시 대우중공업 측에서는 기술진 대신 경영 계획과 영업 분야를 담당하던 김형국 상무를 추천받았는데 기술 분야 전공이 아님에도 불구하고 프랑스, 독일, 일본의 대우그룹 네트워크를 총동원하여 요청하는 자료나 데이터를 열심히 모아서 전달해 주곤 했다.

이들 세 사람 모두 우리나라 철도 역사상 고속전철을 할 수만 있다면 회사 이익과 상관없이 돕겠다는 뜨거운 열성의 소유자들이어서 당시 김창근 장관께 특별히 부탁드려 격려를 해주도록 한 적이 있을 정도이다.

당시 이 세 사람과는 수시로 연락한 것 외에 2~3주에 한 번씩 함께 모여 정보도 교환하고 "대한민국 고속전철"를 외쳐가며 건배도 나누는, 소위 '도원결의'를 하며 평생토록 우의를 다지고 있다.

한국기계연구원 이해·송달호 박사

당시 가장 어려운 것이 고속전철과 관련한 정보나 전문적인 식견을 가진 전문가가 없었던 점이다. 특히나 기존의 TGV나 신칸센 차량과 기술에 대한 정보나 자금도 부족한데 자기부상 논란까지 불거져서 더욱 힘들었다.

마침 1993년 개최 예정이었던 대전 EXPO에 현대정공이 개발한 자기부상열차의 시험 노선이 생긴다는 소식을 듣고 현대정공과 국내 관계 전문가들을 수소문하는 과정에 한국기계연구원의 기계공학연구부 부장 송달호 박사를 소개받았다.

첫 미팅 때 몇 사람의 전문가가 함께 나왔는데 모두 고속전철에 대한 관심이 보통이 아니었다. 송 박사와 함께 나온 분이 기계연구원 원장을 지냈던 이해 박사였는데 경륜이 있음에도 소탈하고 진지하게 자기부상열차의 현실과 미래 전망에 대하여 합리적이고도 솔직하게 설명하여 정책 결정을 하는 데 큰 도움이 되었었다.

뿐만 아니라 고속철도 관련 기술연구소의 설립 구상을 얘기하자 모두 적극 동의하면서 국내의 관련 전문가 명단을 일일이 작성하여 전달해 주고, 연구원의 설립과 관련한 현실적 아이디어도 진솔하게 제시하여 이후 한국철도기술연구원을 설립하는 데도 크나큰 도움이 되었다.

이때의 송달호 박사는 이후 설립된 철도기술연구원장도 역임하면서 우리나라 고속철도 기술 발전에 많은 역할을 하게 된다.

● 인정하지 않을 수 없는 프랑스, 일본 정부의 열의

당시 고속전철을 추진하는 과정에서 우리가 벤치마킹하며 따라갈 수 있는 모델은 1968년 도쿄 올림픽을 계기로 개통한 도쿄-오사카 간 일본 신칸센과 1981년 파리-리옹 간을 개통한 프랑스 TGV였다.

독일의 ICE는 당시 아직 개통은 하지 않았을 뿐 아니라 일부 구간을 고속선으로 개량하여 운행할 막바지 준비 단계여서 우리나라 고속전철사업에 대한 열의는 일본이나 프랑스에 미치지 못하였었다. 그러나 우리나라 고속전철사업이 진행되자 독일은 뒤늦게 자기부상열차(MAGLEV)를 바퀴식 열차와 함께 홍보하는 전략으로 나서기도 하였다.

우리나라는 정책적으로 이들 세 국가의 고속전철 시스템에 대해 모두 관심을 가지면서 우리에게 가장 적합하고 유리한 시스템을 선정한다는 입장이었지만, 이들 세 국가의 반응이나 입장은 약간의 온도 차이가 있었다.

우선 독일의 ICE는 전 구간 신선을 건설하여 최고 속도 300km/h, 200km/h 수준으로 고속 열차를 운영하는 프랑스, 일본과 달리 주로 기존 선로를 고속화하는 개량 사업 형태로 추진하면서도 1980년대 말까지 실제 운행 사례가 없었다. 그리고 자기부상열차(MAGLEV)도 36km의 시험선을 건설하여 운영하는 단계였기 때문에 바퀴식, 자기부상식 모두 실증 모델이 없었기에 독일 정부나 업계에서 프랑스와 일본보다는 열의가 많이 떨어져 있었다.

일본의 경우는 당시만 해도 차량 제작사가 어느 단일 회사가 아니고 발주 때마다 달라서 미쓰비시중공업이 가장 관심이 많았던 것 같았지만, 민간 회사 차원의 대응은 조직적이지 못했던 것 같았다. 정부 차원에서도 일본 대사관이나 운수성 관계자들이 기회가 있을 때마다 고속전철 관련 협력에 대한 의사를 적극적으로 피력하고 있었으나, 열의는 상대적으로 프랑스만큼 뜨겁지는 않았었다.

프랑스의 경우는 교통부를 중심으로 외교부와 우리나라의 철도청과 같은 역할을 했던 SNCF, 그리고 차량 제작사였던 Alstom사까지 거의 혼연일체가 되어 우리나라 고속전철사업에 참여하겠다는 의지를 적극적으로, 전방위적으로 표명했었다. 양국 정상회담이 있을 때에도 가장 주요한 의제로 제기할 정도였었다. 당시 우리나라 주재 프랑스 대사의 업무는 고속전철이라는 농반진반의 이야기가 회자될 정도였다. 특히 언론을 통한 홍보에 가장 적극적이어서 당시 교통부 출입 기자나 언론사 데스크 중에 프랑스의 초청을 받지 않은 사람이 거의 없었다고 해도 과언이 아니었다.

그러나 일본의 경우는 전통적으로 우리나라 철도와 인적·물적·기술적 교류가 많아 당시 철도청에서는 일본 시스템에 아주 익숙해 있을 정도여서 일본 신칸센 시스템을 들여오는 것이 가장 좋다는 분위기가 있었던 것도 사실이었다. 특히 프랑스의 경우 언어적 장벽도 무시할 수 없었고 당시만 해도 파격적이었던 TGV의 관절형 대차라든지 동력분산식이었던 일본 시스템과 다른 동력 집중식 시스템이었을 뿐 아니라, 신호통신 시스템도 우리에겐 익숙지 않아 우리 철도 관계자들이 조금은 생소하게들 느낀다는 인상을 많이 받았었다.

당시만 해도 워낙 고속전철에 관한 정보나 지식이 아주 일

천한 때여서 우리나라의 관계자들에게 수소문해도 알 수 없었던 정보들이 워낙 많아 수시로 프랑스나 일본 대사관 관계자들에게 직접 부탁했었고, 그때마다 양국 대사관 관계자들은 정말 성심 성의껏 도와주었었다.

Episode,

낮아도 한참 낮았던 당시 우리나라의
고속전철에 대한 이해의 수준을 보여주는 일화

1990년 1월경이었던 것으로 생각한다.

김창근 장관께서 고속전철에 대한 관심과 이해가 급속도로 빨라지던 시기에 고속전철 소요 사업비를 프랑스와 일본의 경우를 토대로 개략적으로라도 산정해 보라고 지시했다. 그래서 당시 철도청에서 보고자료를 만들어 왔는데, 신칸센 시스템을 도입할 경우 TGV 시스템보다 노반 건설비가 거의 2배 이상 비싸게 자료가 작성되어 있었다. 평소 일본 신칸센 시스템을 은연중에 선호하던 분들이 작성해 온 수치여서 이해가 되지 않았다. 작성해 온 철도청 관계자들 역시 의아해하면서도 결과적으로 숫자가 그렇게 나와서 정확히 비교하여 작성하였다는 것이다. 만약 우리나라 고속전철사업에도 이런 수치가 적용된다면 두말할 것도 없이 당연히 TGV 시스템을 기본으로 채택할 수밖에 없기 때문에 이는 상당히 중요한 문제였다.

워낙 철도 건설에 전문성을 가진 철도청의 핵심 인력들이 검토한 자료여서 교통개발연구원 전문가들도 가타부타할 수 없는 상황이었다. 그래서 이는 아주 중요한 요인이기 때문에 그 원인을 장관 보고 전에 파악해 보라고 했다. 다음 날 그 원인을 TGV 방식은 레일을 부설하는 노반을 자갈로 채우고 다지는 자갈 도상 방식이고, 신칸센은 전 구간을 콘크리트 구조물에 레일을 부설하는 방식이어서 신칸센 방식이 노반 건설비가 비쌀 수밖에 없다는 것이었다. 그러면 "TGV는 자갈 도상이 아니면 안 되고, 신칸센은 콘크리트 도상이 아니면 안 되느냐"라고 했더니 "그렇다"라고 단정적으로 답하는 것이었다.

워낙 철도 건설의 전문가가 하는 얘기라 더 이상 물어볼 수가 없었지만, 철도전문가가 아닌 필자 입장에서도 이해가 되지 않았다.

그래서 장관께 바로 보고하지 않고 앞서 철도 차량 제작회사 관계자들과 프랑스와 일본의 대사관 관계자들에게 긴급히 연락하여 확인을 부탁했다. 그 결과는 다소 어이없게도 노반 건설 방식은 지형 여건과 상황에 따라 어느 방식도 상관없으며, 양 방식의 장·단점이 있기 때문에 계획 단계에서 비교·검토하여 결정하면 된다는 결론이었다.

TGV, 신칸센의 기술적 방식에 따른 차이가 아니고 TGV의 경우 맨 처음 노선인 파리-리옹 간 지형이 대도시를 벗어난 구간의 대부분이 도시화하지 않은 산악 구릉지나 평야를 관통하는 특성상 굳이 교량 등 불가피한 경우 외에는 콘크리트 구조물을 설치하지 않고 자갈 도상을 설치하는 것이 유리한 여건이었다.

반면 신칸센의 경우 동경-오사카 구간 상당수가 연담화되어 있다고 할 정도로 고밀도 도시화가 진행되어 있어 상당수 구간을 교량형 교각으로 건설할 수밖에 없고, 지진이 많은 특성상 콘크리트 구조물로 보강할 수밖에 없어 콘크리트 도상 방식을 채택한 것이었다.

TGV의 경우는 구릉지를 오르내리는 지형을 자연스럽게 이용하여 내리막 구간에서는 탄력 운행을 함으로써 가속에 의한 속도 향상과 연료 절감을 동시에 할 수 있는 기술 여건도 설계 과정에서 반영되었기 때문이었다.

이 일화를 소개하는 것은 당시만 해도 우리에게는 고속전철에 대한 이해가 거의 없었다는 상황을 설명하기 위해서이다.

대통령의
결심

05

● **1989년 교통부의 대통령 업무보고**

김창근 장관이 1988년 12월 5일 부임하고 곧바로 시작된 1989년 1월의 대통령에 대한 부처 업무보고 준비는 사실 난감한 상태에서 진행될 수밖에 없었다. 당시 교통부로서는 경부고속전철과 신공항 건설, 두 가지 과제가 무엇보다 큰 정책 과제였다. 장관 부임 초 진행된 각 실국 업무보고 시 고속전철에 대한 장관의 부정적인 생각을 분명히 파악하였기 때문이다.

워낙 무게감 있는 정치인 출신 장관이 호불호를 분명히 드러내고 있어 어느 누구도 가까이 다가갈 수 없는 상태에서 곧바로 신년도 업무보고 준비가 시작되었기에 기획관리실에서는 난감할 수밖에 없었다.

그러나 강동석 기획관리실장과 이헌석 기획예산담당관, 한지연 수송정책국장, 성기수 수송조정과장은 이런 상황에서도 어떻게든 고속전철과 수도권 신공항의 불씨를 살리기 위해 여러 차례 수정안을 장관에게 들고 갔었다. 이 과정에서 차동득 부원장도 수시로 교통부 간부들과 호흡을 맞추며 장관을 설득하는 데 크게 일조했다.

물론 이런 과정에서 장관 스스로가 앞서 살펴본 대로 프랑스, 일본의 고속전철 상황에 대한 이해를 급속히 높여간 점도 있지만 당시 교통부 간부들도 집념을 가지고 장관을 설득한 끝에 1989년 3월 대통령 신년 업무보고 내용을 비교적 담담하게 정리하게 되었다.

고속전철 건설 계획도 두드러지게 표현하지 않고, 다음과 같이 '철도의 현대화'란 제목으로 일단 기술조사부터 시행하고 착공 여부는 못 박지 않는 수준으로 보고하도록 장관의 승인을 받게 된다.

2. 철도의 현대화

가. 고속전철망 구축

목표: 전국토 주요 거점 도시의 2시간대 생활권화

경부고속전철 건설

- 1989~1990년 기술적 조사 및 기본계획 확정
- 조기 착공 추진(공기 7년)
- 경부 신선과 호남선 연계 방안 강구

서울-영동 간 동서 전철 건설

- 1988년 5월~1989년 5월 타당성 조사
- 1989년 6월~1990년 기본설계(20억 원)
- 1991~1995년 건설

이런한 내용을 보고하면서 이 사업은 대통령 선거 시 주요 공약이기도 했기 때문에 업무보고 시 언급하지 않을 수는 없으며 대통령 보고 시 대통령의 의중에 따라 향후 추진 계획을 가다듬을 수 있다고 장관을 설득했다.

이러한 노력 끝에 무사히 대통령 업무보고를 긍정적인 방향으로 마치게 되자 부임 후 2개월도 되지 않은 짧은 기간에 장관의 고속전철에 대한 부정적 견해는 급속히 바뀌게 된다.

당시 교통부 업무보고를 받은 노태우 대통령은 "경부 및 동서고속전철과 신국제공항 건설은 21세기를 향한 국가 발전 청사진 중에서도 핵심적인 사업일 뿐 아니라, 날로 늘어나는 여객 및 화물 수송 분야의 애로를 타개하기 위해서도 조속히 추진해야 할 사업"으로 "이러한 사업의 건설에는 7년 정도의 장기간이 소요되므로 지금부터 서둘러 타당성 조사와 실시설계 등 사업 시행을 위한 기본적인 준비를 갖추어 조속히 착공하도록 하라"라고 지시하게 된다.

지금 기억에도 이 업무보고 후에는 장관의 학습 수준은 이미 교통부 간부들의 수준을 뛰어넘어 전문가들을 나무라고 책근할 수준에 이르렀다.

이때부터 무게감 있는 정치인 장관의 존재감을 확실히 느끼게 되었다.

● 1989년 3월 17일, 고속전철에 대한 노태우 대통령의 재가

연두 업무보고 후 김창근 장관의 발걸음은 무척 빨라졌다. 대통령의 업무보고 시 지시 사항을 근거로 곧바로 예산편성권을 쥐고 있는 부총리를 상대로 대통령의 의중을 전달하며 우선 기술 검토를 위한 예산편성부터 부탁했다. 여느 장관과는 다르게 정중하되 일방 통보에 가까운 뉘앙스로 얘기하셨던 기억이 아직도 생생하다. 그러면서도 당시 홍성철 대통령 비서실장에게는 자주 진행 상황을 전달하면서 지원을 요청하는 노련함을 여실히 보여주었다.

그리고 대통령 연두 업무보고 후 한 달도 안 되는 1989년 3월

17일에는 고속전철과 신국제공항 양대 국책사업에 대한 범정부적 동의와 대통령 재가까지 받는, 그야말로 과단성 있고 전광석화 같은 추진력을 보이게 되었다. 이때부터 고속전철과 신국제공항 사업은 은인자중의 시기를 떨쳐 버리고, 이후 여러 우여곡절이 있었지만 본격적으로 나래를 펼치게 된다.

당시 노태우 대통령에게 장관이 직접 보고하고 대통령 재가까지 받았다. 대통령 재가 문서의 제목부터 '고속전철 및 신국제공항 건설 계획(1989년 3월)'으로 양대 사업에 초점을 맞춰 확실한 추진 방안을 제시하고, 이때부터 고속전철과 신국제공항 사업은 사실상 패키지로 추진하게 되었다.

이 당시 보고는 정부 주요 부처의 사전협의를 모두 거쳤는데 대통령 재가 문서 협조란에 김용래 총무처 장관, 박승 건설부 장관, 이상훈 국방부 장관, 조순 경제부총리가 사인하였다. 그리고 홍성철 대통령 비서실장과 강영훈 국무총리의 사인과 함께 노태우 대통령의 서명까지 받았다.

고속전철과 신공항 사업 추진을 위한 조직, 예산을 담당하는 총무처와 경제기획원, 국토계획과 토지 규제 관련 건설부, 군사 보호 지역 관리와 함께 수도권의 공역 관리 등과 긴밀한 관계가 있는 국방부까지 사전협의를 거쳤다는 의미다.

1970년대 후반부터의 고속전철 논의 과정에서 교통부가 사실상 일방적으로 또는 대통령 보고 과정에서 추진 의욕을 공식화하고, 대통령의 원론적 지시나 대통령 선거 공약으로 반영시킨 적은 있었다. 하지만 정부 관계 부처 장관이 함께 대통령 재가 문서에 사인을 했다는 것은 획기적인 진전을 의미하는 것이었다.

　1988년 12월 5일 부임해서 사실상 3개월도 안 되는 시기에 단군 이래 최대 국책사업이라는 고속전철과 신국제공항에 대한 추진 방침을 범정부적으로 이끌어 낼 수 있었던 것은 김창근이란 무게감 있는 정치인 출신 장관이 당시의 특수한 정치 상황에서 임명되었었기에 가능했던 일이다. 단순히 정치적 장관이어서가 아니고 김창근 장관의 날카로운 판단력과 추진력이 바탕이 되었었기에 가능한 일이었음을 고속전철 개통 20주년인 올해(2024년) 새삼 되새겨 보게 된다.

　이때의 재가 문서는 이후의 여러 가지 상황을 돌이켜 보는 측면에서 전문을 그대로 싣고 싶다.

　당시 경부고속전철과 신국제공항만이 아니라 오늘날에 와서야 추진이 가시화된 동서고속전철, 부산국제공항 건설, 심지어 제주 신국제공항 건설 계획까지 포괄하고 있는 우리 국토의 미래 청사진이었기 때문이다.

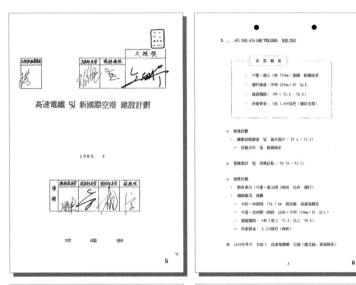

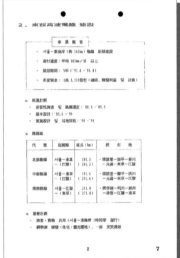

1989년 3월 17일 고속전철 및 신국제공항 건설 계획 문서

o 金浦空港 施設補强

 · 新空港 開港時까지의 最小規模 補完
 　- 滑走路 7萬㎡, 搭乘橋 增設 4基등

o 淸州空港 建設規模 및 運營計劃 修正
 · 機能 : 首都圈 代替空港 ⇒ 中部圈 空港 및 貨物機能 强化
 · 計劃變更內容

區 分	當 初	調 整	
		1段階	2段階
滑走路 (單用滑走路給連)	2,740m×45m → 3,400m×60m	2,740m×45m → 3,200m×45m	3,200m×45m → 1,600m×50m
旅客廳舍 (㎡)	11萬	7萬	4萬
貨物廳舍 (㎡)	2.4萬	1萬	2萬
開港時間	'96	'95	
所要豫算 (億원)	3,889	1,400	1,489

※ 1.2 段階 實所要分은 經濟企劃院과 追後協議 決定

o 效 果

 　- 軍 · 民 兼用

4 　　9

---

4. 釜山 國際空港 建設

┌─────────────────────┐
│ 必 要 性 │
└─────────────────────┘

 · 釜山市域 擴大로 都市周邊 開發을 위해 空港移轉
 · 金海空港은 2千年代 別設 大幅擴張能 地勢 (障害 障害物)
 · 洛東江 河口地域 開發促進

o 事業規模

區 分	1 段 階	2 段 階
敷地面積 (坪)	300 萬	-
滑走路 (m)	4,300 × 60, 2 本	-
旅客廳舍 (㎡)	11 萬	4 萬
建設期間	7 年	5 年
所要豫算 (億원)	13,000	1,000

※ 進路, 連絡路, 飛路, 旅客設備 및 軍旅設 · 整備工場 移轉費 除外

o 推進計劃

 · '89 : 受委性調査 (立地測定 및 着工時期 決定, 4億원)
 · '90~'91 : 基本設計

o 資金調達計劃 : 國庫支援 5,100億원 (金海空港 賣却 7,900億원 除外)

o 現 金海空港 擴張比 1,2行億원 投資計劃을 650億원 以下로 調整
 · 國內線擴充 : 34,000㎡
 · 駐車場 : 45,000 ㎡

※ 開發制限 區域內 工事施行 許容 (滑走路, 移住團地등)
 · 形質變更 185萬㎡, 農地轉用 55萬㎡
 · 鳥獸物 設置 55.5萬㎡ (建物 5.2萬㎡, 工作物 54.7萬㎡)

8 　　10

---

5. 濟州 新國際空港 建設

┌─────────────────────┐
│ 必 要 性 │
└─────────────────────┘

 · 濟州綜合開發計劃 ('85.9, '88 綜時報告書) 의 本格 推進등
 · 國內外 航空需要 急增
 · 現 空港擴張 限界 및 都市周邊 隣接
 · 軍 兼用 空港擴張 必要性

o 事業規模

區 分	事 業 內 容
敷地面積 (坪)	300 萬
滑走路 (m)	4,300 × 60, 2本
旅客廳舍 (㎡)	22 萬
建設期間	7 年
所要豫算 (億원)	7,200

o 推進計劃

 · '89 : 立地選定을 위한 受委性 調査 (3億원)
 · '90~'92 : 設計 및 用地確保

o 資金調達計劃 : 國庫支援 1,900億원 (濟州空港 賣却 5,310億원 除外)

o 現 濟州空港 擴張 (新空港 完工時 까지 最小規模, 318億원)
 · 誘導路 : 1,500m
 · 廳舍 : 1.1萬㎡

6 　　11

---

6. 推進體制

┌─────────────────────┐
│ 必 要 性 │
└─────────────────────┘

 · 長期間 (7~10年) 이 所要되는 巨大한 投資事業의 圓滑한 推進
 　- 高速電鐵 約 6兆원, 新空港 5兆원 以上
 　- 關聯部處 多數, 尖端技術 導入

< 1段階 >

o 高速電鐵 및 新國際空港 推進委員會 設置
 · 根據 : 大統領令 制定, 期間 : '85.4~'90 까지
 · 機能 : 建設需要 主要事項 (事業期間, 財源, 財源調達 方案등) 의 審議, 調整
 · 構成 : 委員長, 委員 : 國務委員 長官 및 專門家
 ※ 推進事項은 每月 定期的으로 大統領에 報告

o 實務委員會

 · 機能 : 委員會 附議事項 事前檢討
 · 構成 : 委員長 : 交通部次官, 委員 : 關聯部處 局長 및 專門家

o 實務作業班

 · 高速電鐵과 新空港建設로 分離 運營
 · 機能 : 實務本의 登錄된 準備事項 審査
 · 構成 : 交通部, 建設公路財과 傘下團體 및 硏究機關硏究員
 ※ 新空港의 空軍에서도 參與

< 2段階 >

o 建設本部 設置
 · 根據 : 鐵道廳 및 空港建設業務 專擔
 · 機能 : 高速電鐵 및 新空港建設業務 專擔
 · 構成
 　- 高速電鐵建設本部 : 鐵道廳 傘下 機構 ('91.1 發足)
 　- 新空港 建設本部 : 交通部 傘下機構 ('90.7 發足)
 　- 其他의 事項은 關聯部處와 協議

7 　　12

고속전철에 관한 사실상 최초의
기술조사 용역 시행(1989년 7월~1990년 12월)

1989년 3월, 고속전철 추진에 관한 기본적인 방침이 정해진 후 겉으로 드러나지는 않았지만 추진 체제의 구축이나 본격적인 건설 준비 업무는 급물살을 타기 시작했다. 그 가운데서도 '경부 고속전철 기술조사 용역'이 1989년 7월부터 시작되었다는 것은 사실상 우리나라 고속전철 건설의 착공을 전제로 한 실질적 의미의 최초 기술조사란 점에서 그 의미가 크다고 할 수 있다.

1983년 3월에서 1984년 11월까지의 '서울-부산축의 장기 교통투자 및 고속전철 타당성 조사' 용역도 나름 의미 있는 조사 용역이었지만 이때만 해도 고속전철에 대한 회의적 시각이 더 컸다. 그리고 사실상 교통부만의 주장을 나름대로 당시 소극적인 IBRD를 설득하여 보다 타당성 있는 논리를 만들고자 애썼던 환경이었다. 이 조사 용역의 결과 경부축 고속전철 건설의 타당성이 확인되었지만 사실상 조사 용역을 했다는 정도에서 그치고, 정부 내에서조차 특별한 의사결정을 끌어내지 못한 상태에서 수년이 지나갔다.

이런 상황이었기에 1989년의 기술조사 용역은 비록 부족한 점이 없지 않았으나, 우리나라 고속전철 역사에서 상당히 중요한 의미를 가지고 있다고 본다.

철도청이 주관하고 교통개발연구원의 차동득 박사가 중심

이 되어 유신설계공단, 철도기술협력회, 대우엔지니어링, 현대정공, 미국의 Louis Berger사가 참여하였다. 이 조사 용역에서 경부고속전철에 관한 최적 노선 대안의 검토와 차량 및 신호통신 등에 관한 기술 방식과 투자 재원의 조달 방안까지 검토한 후 기본계획과 기본 설계안까지 제시해야 하는 광범위한 업무 범위에 시간과 예산의 제약이 컸음에도 불구하고 연구책임자였던 차동득 박사의 훌륭한 리더십으로 성공리에 과업을 잘 마쳤다.

용역을 주관했던 철도청의 신종서 과장, 서상교 사무관, 용역단에 참여했던 교통개발연구원의 서선덕, 양근율 박사 등 이후 우리나라 고속전철 건설 과정에서 많은 역할을 했던 이들이 거의 모두 참여한 조사 용역이었다. 그리고 실제 이 용역 결과를 바탕으로 이후 20여 년에 걸친 우리나라 고속전철 건설 역사가 시작되었다고 평가하고 싶다.

특히 차동득 박사는 이즈음 장관에 대한 고속철 자문이나 해외 출장만도 바빴는데 이 사업을 준비하는 과정에서뿐만 아니라 실제 짧은 기간 내 방대한 과업을 수행하느라 너무 큰 고생을 하였다. 그 노력은 크게 평가되어야 한다.

고속전철 추진 체제의 구축

06

범정부적 추진 체제의 필요성

1989년 3월, 노태우 대통령으로부터 고속전철과 수도권 신공항 양대 사업 추진에 대한 재가를 받을 때 사업 자체 못지않게 신경을 썼던 부분이 역사적으로 유례없는 규모의, 해보지 않았던 사업을 어떻게 하면 지속적으로 흔들림 없이 추진할 수 있겠느냐의 고민이었다. 사업 기간만도 사전조사나 설계까지 포함하면 10년 이상이 소요되어 정권만 두세 차례 바뀔 수 있었고, 당시만 해도 정부 안팎에서 여전히 반대론이 비등했기 때문이다. 이후 사업 기간 연장, 물가 상승 등으로 많이 증액되었지만,

사업비만 해도 당시 고속전철 약 6조 원, 신공항 약 5조 원 이상의 대규모 사업이었다. 주무 부처는 당연히 교통부였지만 정부 내 상당수 부처가 직·간접적으로 관련이 있었다. 그래서 의사결정과 추진 과정에서의 범정부적 추진 기구를 설립할 필요가 있어 어떤 형태로 할지에 대해 많은 고심을 한 끝에 범정부적 '고속전철 및 신국제공항 건설추진위원회'를 설치하기로 하였다.

처음에는 사업의 성격이 달라 고속전철과 신국제공항 추진위원회를 별도로 설치하는 것도 검토했다. 하지만 어차피 참여하는 부처나 전문 기관이 거의 대동소이하고, 1989년부터는 사실상 이 두 사업이 쌍둥이같이 패키지로 추진되었기 때문에 효율성 측면에서도 함께 추진위원회를 구성하는 것이 좋겠다고 판단되어 하나의 추진위원회로 구성하게 되었다.

정부조직법에 근거한 대통령령으로 설치하여 위원장은 부총리, 위원은 관계 부처 장관과 전문가로 하고 산하에 관계 부처 국장급으로 실무위원회를 두도록 하였다.

이런 사항을 1989년 3월 관계 부처 협의를 거쳐 대통령 재가 내용에 포함했기에 '고속전철 및 신국제공항 건설추진위원회 규정'은 1989년 7월 24일부터 시행될 수 있었다. 그리고 실제 이 위원회는 이후 고속전철과 인천 신공항 건설에 관한 주요 의사결정의 핵심 역할을 하게 된다.

실무 작업단과 건설본부의 설치

위원회 중심의 의사결정 체계와 함께 건설을 직접 추진할 기구도 필요했다. 당시 철도의 건설 운영은 정부 기관으로 운영되던 철도청이 담당했기에 당연히 철도청에 설치하는 것을 전제로 하였다. 건설본부를 구성하기 이전에 우선 실무 작업단부터 설치하기로 하여 고속전철 및 신국제공항 건설추진위원회 규정이 제정된 이후 바로 구성하도록 철도청에 지시하였다. 그러나 철도청의 업무 특성상 많이 지체되어 1989년 12월에야 철도청 실무 작업단이 54명의 인원으로, 그것도 기존 조직의 업무와 사실상 겸직하며 편성했다.

더욱이 전담 건설 조직인 고속전철 사업기획단은 이보다 1년이나 지난 1990년 12월에야 겨우 발족하였다. 그러나 제대로 된 형태를 갖추지 못한 상태에서 운영하다가 1991년 2월 18일에야 비로소 정무직 신분의 단장이 지휘하는 고속전철 사업기획단으로 정식 발족하게 된다.

당시로서는 대통령의 강력한 고속전철 추진 의사가 있었기에 1989년 3월 대통령 재가 시 사업에 대한 추진 구상과 함께 추진위원회, 실무추진단, 건설본부 설립 구상까지 일괄 방침을 받았으나 그 뒤 실질적인 건설 전담 기구의 구성과 발족은 거의 2년이나 걸린 이후에 겨우 이루어졌다. 이에 관한 과정은 다음 장에서 따로 기술하도록 하겠다.

이때까지만 해도 고속전철에 관한 건설과 운영 모든 일은 교통부에서 총괄적 관여는 하더라도 당연히 당시 철도청에서 담당하는 것을 전제로 추진되고 있었다.

해외
고속철 현장을
가다

"일국의 국무위원이 출장을 가는데"

장관 취임 4개월도 안 돼서 그 어려운 문제이던 고속전철과 신국제공항 사업을 패키지로 관계 부처 협의를 거쳐 대통령 재가까지 받은 후 1989년 3월 어느 날 김창근 장관께서 불러서 갔다. 그런데 대뜸 "다음엔 뭘 할까?"라고 하셔서 무얼 말씀하는지 몰라 당황하고 있으니까 "아, 고속전철, 신공항 한다고 했으니, 다음엔 뭘 해야 하느냐고!"라고 정색하며 물으셨다.

김 장관이 고속전철 추진에 관한 대통령 방침까지 받은 상태였지만 아직도 확신을 가지지 못한 부분들이 있었다. 무언가 확실하게 매듭을 짓고 싶어 하는 모습을 느끼고 있었기에 그렇지 않아도 건의하려고 했던 외국 고속철 시찰을 말씀드렸다. "해외 고속전철과 신공항을 한번 보고 오시면 어떻겠습니까?"라고 말씀드리니, 역시 짐작이 맞았다. 잠깐 생각하시다가 바로 대통령 비서실장께 전화하셨다.

"대통령 재가를 받았으니 아무래도 해외 출장을 한 번 다녀와야 할 것 같습니다"라는 취지로 말씀하자 비서실장께서 흔쾌히 대통령께 보고드려 주겠다는 취지의 답변을 했던 것 같다. "준비해 봐라"는 한마디에 그날부터 장관의 해외 출장 준비에 정신없이 매달리게 되었고, 대담하고 호방한 성격인 김창근 장관의 세심하고도 치밀한 또 다른 면모를 보게 되었다.

그날부터 출장 갈 나라, 가서 봐야 할 곳, 만나야 할 인사들, 함께 가야 할 사람들, 날짜 선정, 숙소, 비행편 등 어느 하나 쉽게 결정되는 것이 없었다. 우선 수행원 구성부터 삐걱거렸다. 당시 장관의 해외 출장 업무는 국제협력과에서 담당했는데 국제협력과와 장관비서실에서 짜간 일정과 수행원 명단부터 비토(veto, 어떤 사안의 결정에 대해 거부할 수 있는 권리)를 맞았다.

일을 제대로 아는 사람들 중심으로 고속전철과 신공항 사업을 하기 위해 꼭 방문해야 할 곳을 중심으로 다시 짜오란 지적이었다. 결국 수행 명단에서 빠져 있던 필자가 장관께 불려 가서 "왜 자네는 안 가느냐?"라는 꾸중을 들었다. 모든 일정, 수행원 명단을 다시 짜오라는 말씀이었다.

장관을 수행하는 부담을 덜었다고 생각하고 안도의 한숨을 돌리고 있다가 덤터기를 쓴 모양새가 되고 말았다. 그래서 그동안 장관 보고 때마다 긴밀히 협업하였던 교통개발연구원의 차동득 부원장과 철도청의 최강희 시설국장, 김재근 전기국장, 그리고 필자 네 명이 수행하는 것으로 하고 일반적으로 해오던 방식대로 출장계획을 작성해서 보고했다가 불호령이 떨어졌다. "일국의 국무위원이 출장을 가는데 무슨 이렇게 촌스럽게 출장계획을 짜오느냐?" "비행기 스케줄, 호텔 모두 바꾸고 특파원이나 외신 기자들과의 기자회견 준비도 안 하고 무슨 출장이냐?"라는 호된 질책이 있었다.

그렇지 않아도 다른 업무도 산적해 있는데 이 모든 걸 사실상 혼자 처리해야 하는 상황이어서 난감하기 짝이 없었다. 당초 생각지도 않았던 특파원이나 외신 기자들과의 회견까지…. 그저 한숨만 나올 뿐이었다.

"전세기 타고 가자"

우선 항공 스케줄에 따라 국적기인 대한항공을 이용하는 스케줄부터 자세히 보지도 않으시고 "전세기 정도는 타고 가야지 무슨 일반 비행기를 타고 가느냐?"라는 통 큰 말씀을 하셔서 '뭘 잘못 들었나?'라는 생각에 "예? 전세기 말씀입니까?"하고 되물었다. 그러자 "일국의 국무위원이 고속전철, 신공항 같은 초대형 국책사업 때문에 출장을 가는데 우리나라 전세기 정도는 타고 가야 상대방이 호락호락하게 안 보지. 어차피 우리 기술력으로는 한계가 있기 때문에 외국 차량을 도입하되 어느 수준의 기술을 어떤 가격 수준으로 도입할 것인지에 대한 치열한 협상이 필요하기 때문에 상대방 국가에 호락호락하게 보이면 안 된다"라는 말씀이었다.

일단 말씀을 따르겠다고 하고 상황을 알아보니 전세기로 독일, 프랑스, 일본의 일정을 소화하는 비용 자체가 정상 가격으로는 허용되는 예산 범위를 훨씬 초과할 수밖에 없었다. 그리고 출장 여비 규정을 아무리 살펴봐도 국무위원 출장에 전세기를 이용할 수 있는 근거가 없었다.

또한 장관이 전세기를 이용하여 해외 출장을 간다는 사실이 알려지면 언론에서도 바로 대서특필할 것이 너무나도 뻔했다. 때문에 하루 이틀 고민하다가 장관께 가서 당시 규정과 예상되는 여론의 부정적 반응 등을 조심스럽게 말씀드렸다. 불호령이 떨어질지 알았는데 예상 밖으로 "알았다. 나도 알아볼게" 하셔서 안도의 한숨을 쉬고 나왔다. 다음 날 부르신다고 해서 갔더니 "전세기를 타고 가는 건 문제가 있을 것 같으니 일반 항공 스케줄대로 가자"라며 순순히 말씀하시는 것이었다. 불같은 성격이지만 의견을 듣고 판단하는 것도 또한 기민하셨다.

결과적으로는 덕분에 출장 중 전세기를 한 번 이용하기는

했다. 마지막 일정인 일본에서 고속전철 시승을 일본 정부가 당시 가장 최근에 개통한 동경-니가타 간의 조에쓰선을 타볼 것을 제안했다. 이 일정 다음으로 예정된 오사카 간사이 공항 시찰과 연계하기 위한 항공편을 수소문하고 있었는데 마땅치가 않았다.

이때 대한항공 측에서 마침 그때 전세기가 일본에서 대기 일정이 있어 니가타-오사카 구간 운행이 가능할 것 같다고 하여 예산을 최대한 절감하면서 그 구간은 전세기를 이용할 수 있게 돼 일본 측에 체면을 세우게 되었다.

Paris George V Hotel, 도쿄 제국호텔(帝国 Hotel)

당시 교통부 장관의 해외 출장 시 호텔은 관광공사나 대한항공의 현지 지사들을 통하여 적정한 호텔을 수배하곤 했다. 이때도 과거 관행대로 교통 편리하고 적정한 수준의 호텔을 추천받아 계획을 짰었다. 조금 염려스러웠는데 아니나 다를까 "이런 촌스럽기는…. 파리는 조르주 생크, 도쿄는 데이코쿠 호텔 예약해!"라고 단도직입적으로 말씀하셨다.

도쿄의 데이코쿠 호텔은 그나마 알아들었는데 "파리는 어디라고 하셨는지요?"라고 반문했더니 "조르주 생크." 사실 그당시는 '조르주 생크'라는 정확한 발음도 못 알아들었다. 그냥 대강 듣고 와서 수소문했더니 주변에 아는 사람들이 없었다. 관광공사나 대한항공에서도 알아보겠다고 해서 프랑스 대사관의 상무관에게 전화했더니 한참 되묻고는 "조르주 생크…. In English, it's George Five"라고 해서 그제야 정확하게 'George V'라는 걸 알게 되었다.

그러나 난관은 두 호텔 모두 두 달 전인데도 이미 예약이 만실이었다. 특히 파리의 경우 출장 기간에 파리 에어쇼가 겹쳐 중동, 아프리카의 국빈들로 George V Hotel은 그 기간엔 늘 만석이라고 하는 것이었다. 국내 네트워크로는 며칠이 지나도 소식이 없어 프랑스와 일본 대사관에 체면 불구하고 부탁했더니 좀 기다려 달라고 했는데 초조하긴 마찬가지였다.

그리고 일주일 정도 지난 후 양국 대사관에서 객실을 확보했다고 연락이 왔다. 장관께 보고를 드렸더니 "왜 이런 호텔을 굳이 예약하라고 하는지 알겠느냐?"라고 물으셨다. "분명히 이번엔 해당 국가의 관심이 크기 때문에 국내외 기자들의 인터뷰 요청도 있을 것인데 격에 맞지 않는 호텔에서 장관이 묵는다면 우리를 얼마나 우습게 보겠나?"라고 말씀하시며 "인터뷰에 대비해 Press Kit(보도자료)나 잘 만들어라"고 하시는 것이었다.

이후 Press Kit도 몇 번 퇴짜를 맞고서 나라별, 상황별로 자세히, 그것도 영문으로 작성하느라 정말 혼이 났다. 하지만 두고두고 기억에 남고, 그때의 경험이 평생 일하면서 많은 도움이 되었다. 호텔 하나 정하는 것도, Press Kit를 작성하는 것도 힘든 과정의 연속이었지만 김 장관의 예상은 경험치에서 나온 것이어서 모두 적중했다.

　가는 국가마다 국내외 기자들의 인터뷰 요청이 있었고 그때마다 유서와 전통 깊은 호텔의 서비스는 이런 일정들을 매끄럽게 소화해 내는 데 역시 빈틈이 없었다. 그리고 이런 인터뷰는 실시간으로 당시 최고 의사결정권자인 대통령에게도 보고됐다. 호방하기만 한 것 같았던 김창근 장관의 치밀하고 세련된 감각은 또 한 번 빛을 발휘하였다.

독일 방문
(1989년 6월 12일~1989년 6월 14일)

02

독일 ICE 시승과 파격 의전

맨 처음 방문 국가인 독일은 당시 고속전철을 일본, 프랑스와 달리 신설 노선으로 건설하는 것이 아니고 기존 선로에 300km/h 수준의 ICE(InterCity Express) 고속열차를 운행하는 사업을 추진하고 있었다.

그 첫 번째 구간이 당시 독일의 수도인 Bonn-Würzburg 구간이었는데 당시 아직 개통하기 전이어서 시승이 가능한 Würzburg-Hangelbar 구간을 시승한 후 독일 정부에서 제공한 헬기로 다시 Bonn으로 돌아오는 일정으로 진행했다.

당시 독일은 프랑스나 일본과 달리 고속열차를 아직 운행하기 전 단계여서 우리 정부를 상대로 한 외교전에서는 사실상 소극적이었다. 그러나 교통부 장관의 해외순방 목적이 고속전철 차량과 기술 방식의 결정과 직접 관련이 있음을 공식화하자 독일 정부와 차량 제작사인 Thyssen-Henschel이 최선을 다해 우리 방문단을 맞이하였다.

우선 의전부터 파격적이어서 공항과 주요 방문지에서의 이동 과정에 사실상 총리급에 준하는 경찰 사이드카 에스코트는 물론이고, 고속전철을 시승하는 철도역에는 정복 차림의 철도경찰이 기관단총까지 착용하고 우리 방문단을 호위할 정도였다.

ICE 시승도 건설공사 중이었음에도 최신 차량을 준비하고 관계자들이 운행 중의 기관석까지 안내하며 성심성의껏 설명하여 독일 정부와 철도업계의 기대가 당초 우리가 생각하던 것보다 훨씬 넘어서는 수준임을 알 수 있었다. 우리 대사관이 방문단을 위해 준비한 오찬 장소도 라인 강변의 로렐라이 언덕 위 아늑하고 예쁜 식당이어서 첫 일정부터 아주 순조롭게 진행되었다.

더욱이 고속전철 시승을 마치고 F. Zimmermann 교통부 장관과의 면담이 끝난 후 저녁 만찬이 계획되어 있었다. 그런데 이 자리에는 우리나라 과학기술부 장관격인 H. Riesenhuber 연구기술부 장관까지 함께하였는데, 당시 독일은 소위 Rail식 ICE를 주력으로 고속전철망을 구축하면서도 연구기술부 중심으로 미래를 대비한 자기부상식 열차(MAGLEV)도 함께 우리나라에 홍보할 목적을 가지고 있었기 때문이다.

더욱이 이날 만찬은 Bonn 교외의 야트막한 산자락에 위치한 Godesberg Castle 정원에서 운치 있게 진행되어 김창근 장관을 위시한 우리 방문단의 감탄을 자아내기에 충분했다.

이러한 정성에 젖어 든 김 장관은 만찬 말미에 예정에도 없이 유리 글라스를 스푼으로 살짝 두드리며 즉석 스피치를 청했다. 그리고 유창한 영어로 "독일 정부 측에 깊은 감사의 뜻과 함께 앞으로 한국 고속전철 기술도입에 독일 ICE와 MAGLEV도 프랑스와 일본 기술과 함께 검토하겠다"라는 멘트를 하여 독일 측의 열광적인 박수를 받으며 만찬을 마무리했다.

독일 정부나 산업계가 혼연일체가 되어 치밀하고 섬세하게 산업 외교를 진행하는 과정을 직접 체험할 수 있었다. 뿐만 아니라 그런 과정에서 당당하고 자신감 있게 대응해 가는 김창근 장관의 노련미를 함께 보고 배울 수 있는 소중한 체험의 기회였다.

독일의 자기부상열차(MAGLEV)

독일은 당시 일본과 함께 자기부상열차의 시험 노선을 건설, 운행 중이었다. 일본이 초전도 방식으로 동경과 나고야 간의 중부선에 적용하기 위한 시험 노선의 건설을 시작했었고, 독일은 상전도 방식의 자기부상열차 Transrapid의 시험 노선을

1969년 건설하기 시작하여 1987년에 완공해 Emsland에서 시스템 테스트를 하고 있었다.

당시 이 사업은 독일의 연구기술부가 중심이 되어 진행하고 있었지만, 철도 업무를 관장하는 독일교통부나 독일의 국철 DB(Deutsche Bundesbahn)는 내심 실용화에 부정적이었다. 그러나 독일 정부는 당시 이미 고속전철 운행 경험이 많은 프랑스나 일본과의 경쟁에서 여러모로 뒤져 있기 때문인지 자기부상열차의 홍보에도 아주 적극적이었다.

그러나 흥미 있었던 사실은 독일 측 초청 만찬 장소에서 옆자리에 앉았던 교통부 철도국장이 자기부상열차에 대하여 실제 적용에는 아직 많은 문제점이 있다는 얘기를 솔직히 했다는 점이다.

우선 자기부상열차의 특징인 500km/h 수준의 고속을 유지하기 위해서는 일반열차보다 회전반경이 너무 커서 주요 철도역이 있는 도시를 연결할 수 없고, 승차 용량도 턱없이 부족하여 도저히 경제성을 맞출 수가 없다는 것이었다. 그리고 강력한 자기가 미치는 인체의 유해성 여부도 당시로서는 검증된 바가 없다고 했다.

이 얘기를 했던 철도국장이 얼마 뒤 국제철도 전문잡지에 이러한 코멘트를 한 기사가 직접 나기도 해서 당시 독일 정부 내에서도 이 기술을 연구·개발하는 부처와 실제 적용해야 하는 교통부와 상당한 이견이 있었다는 점을 당시에도 알 수 있었다.

당시 독일의 MAGLEV는 실제 Emsland에 설치되어 최고 시속 505km/h의 속도로 시험 운행을 계속하고 있었다. 그리고 2002년에는 중국 상하이 푸둥공항에서 상하이 시내까지 30.5km에 독일 시스템이 건설되어 운행되고 있었다. 하지만 이 노선 외에는 아직까지 추가로 Transrapid 시스템이 건설된 사례는 없다. 중국도 더 이상 자기부상열차 노선을 건설하고 있지는 않다.

더욱이 2006년에는 Emsland의 시험 선로에서 Transrapid 가 정비 차량과 충돌하여 23명의 사망자가 발생한 대형 사고가 있었다. 그리고 2011년에는 Emsland 테스트 트랙의 운영 라이선스가 만료되면서 폐쇄, 철거된 이후 현재까지도 추가적인 시험선 설치나 영업노선의 건설 계획은 없는 실정이다.

당시부터 지금까지의 상황이 이러했음에도 우리나라 고속전철의 초기부터 개통 때까지, 심지어 지금도 최신의 미래 기술인 자기부상 방식을 채택하지 않고 낡은 기술인 바퀴식을 도입한다고 강력한 반대론을 언론, 국회, 전문세미나 등에서 제기한 소위 '교통전문가'들 때문에 겪었던 고초와 시간 낭비를 생각하면 지금도 그저 씁쓸하다.

지금도 분명한 것은 자기부상 기술이나 초전도 기술, 자기부상열차에 대한 연구나 기술개발은 관심을 가지고 추진해야 한다. 하지만 당시도 그렇고 지금까지도 향후 몇십 년을 내다보고 건설, 운영하는 고속전철이라면 안전성과 경제성이 충분히 검증된 방식으로 해야 한다는 점이다. 자기 전공도 아닌 분야의 쟁점을 어설프게 전문가인 척 시늉하며 국론을 분열시키고 막대한 국가 예산을 낭비케 하는 전문가는 없어져야 한다고 단호하게 얘기하고 싶다.

프랑스 방문
(1989년 6월 15일~1989년 6월 18일)

03

퇴근길 샹젤리제 거리의
중앙분리대 에스코트

당시 우리나라 고속전철사업에 가장 관심과 열의를 기울였던 나라는 프랑스였다. 독일을 먼저 방문한 후 파리 샤를 드골 공항에 도착한 시간은 오후 3시 30분이었다. 독일에서의 극진한 영접 소식이 전해져서인지 아니면 원래 계획되어 있었는지 몰라도 공항에서부터 경찰 사이드카가 우리 방문단 차량 두 대를 앞뒤에서 에스코트하기 시작했다. 공항을 출발하여 파리 시내로 들어서자 그날따라 퇴근길 차량 행렬이 끝없이 늘어서 있어 에스코트하는 경찰 사이드카가 분주히 앞뒤를 오갔다.

어렵사리 저 멀리 개선문이 보이는 샹젤리제 거리에 접어들었을 때도 교통 상황은 마찬가지로 답답하기만 했고, 늦은 봄 파리의 오후는 가로등이 켜질 정도로 어둑어둑해지고 있었다.

그때 갑자기 경찰 사이드카가 차량 한 대 정도 충분히 다닐 수 있을 정도의 중앙분리대로 차량을 안내하며 개선문을 정중앙으로 바라보며 쏜살같이 달리는 것이었다. 우리나라의 아스팔트 포장과 달리 옛날 마차가 다니던 시절의 돌을 깔아 포장한 석재 포장도로였던 샹젤리제 거리의 중앙분리대를 빠른 속도로 달리니 울퉁불퉁한 노면 때문에 상당히 덜컹거려 승차감은 좋지 않았다. 그러나 주불 대사와 함께 뒷좌석에 승차한 김창근 장관의 표정은 흡족할 수밖에 없었다.

전통과 절차를 중시하는 유럽의 독일과 프랑스가 형식과 절차를 떠나 최대한의 성의를 보이는 현장을 보고는 국가의 이익을 위해서는 유연하고 탄력성 있게 상대방을 감동시키는 노련함이 엿보였다고 할까? 작은 충격이었다. 이런 덕분에 저녁 시간에 늦지 않게, 어렵게 예약한 George V 호텔에 도착할 수 있었다.

수상, 교통장관, 국방장관까지 등장한 TGV 세일즈

프랑스에서의 3일간 여정은 독일보다 훨씬 타이트했다. 첫째 날 아침 8시 반부터 M. Delebarr 교통장관과 조찬 겸 면담을 끝낸 후 곧바로 Chatillon의 차량기지를 방문했다. 끝이 보이지 않는 TGV 차량들이 줄지어 늘어서서 정비와 점검을 받고 있는 광경은 인상적이었다.

곧이어 10시 20분 Paris-Dangeau 구간을 TGV 특별열차를 타고 1시간 40분 동안 왕복하는 시승이 있었다. 이때는 프랑스 국철 SNCF의 사장이 직접 수행하며 역시 운행 중인 TGV의 기관석까지 시찰하게 하였다. TGV의 경우 동력 집중 방식이어서 기관차에 모든 추진력이 집중되어 있기 때문에 객차에서 기관석까지 가기 위해서는 기관차의 25m 정도 거리 엔진실을 굉음과 엄청난 바람을 뚫고 지나가야 한다. 그리고 300km/h의 초고속으로 달리는 TGV지만 기관석에는 기관사는 한 명밖에 없어 고도의 집중력을 요구한다. 때문에 외부인의 출입을 철저히 통제함에도 특별한 경험을 만들어 주기 위해 기관석으로의 초대를 일정에 넣곤 했다. 운행 중인 고속열차의 기관석에서 300km/h로 달리는 현장을 직접 보면 얼마나 긴장되면서도 흥분되는지 그 감회를 잊지 못하게 된다. 장관의 얼굴에도 긴장감과 함께 묘한 흥분감이 충분히 읽혔었다.

1시간 40분 동안의 시승 후 SNCF 사장 주최의 오찬에 이어 곧바로 회의실에서 3시간 동안 TGV에 관한 기술적인 설명과 우리 측의 질의에 대한 답변이 열띠게 이어졌었다. 김 장관도 직접 양복 상의를 벗고 와이셔츠 소매를 걷어붙이고 열띤 질문을 쏟아냈던 기억이 아직도 생생하다.

　　이때 김 장관은 고속전철 추진에 대한 생각을 확실하게 굳히게 된 것 같았다.

　　조금의 빈틈도 없는 첫째 날 일정이었지만 둘째 날도 마찬가지였다. 아침 일찍부터 서둘러 파리 Villacoublay 공항으로 이동하여 Mulhouse 공항까지 1시간을 프랑스 측이 준비한 경비행기로 이동하여 TGV 차량 제작사 Alstom사의 차량 제작공장을 방문하는 일정이 시작되었는데, 특이하게도 공장 방문 전 J. Chevennement 당시 국방장관이 공장에서 멀지 않은 유서 깊은 Belfor 성에서 기다리고 있다가 환담을 한 후 직접 Belfor 성을 안내해 주는 것이었다.

　　명분은 다음날 Paris Air Show를 주관하는 담당 장관으로서 다음날 참관하게 되어있는 Paris Air Show의 주관을 수상이 하기 때문에 미리 우리 장관과 수인사를 하기 위해 따로 일정을 만들었다는 것이었다. 사실상 고속전철과는 관계없는 국방장관까지 한국 측 방문단의 일정에 동참하게 한 것이다. 김 장관의 입장에서나 우리 정부 입장에서는 한·불 관계가 돈독해질 수 있다고 느낄 수밖에 없는 대목이었다.

이어서 이어진 Alstom 공장 방문에는 사전에 프랑스 측에 부탁하여 우리나라 철도 차량 제작업체의 핵심 관계자도 동행했다. 출장 전에 여러 가지 준비를 위하여 당시 현대중공업 한규환 부장, 대우중공업 김형국 상무, 한진중공업 이종찬 차장과 여러 차례 만나 얘기도 듣고 자료도 부탁했는데, 이들이 공통적으로 하는 얘기가 당시 우리나라 업체에서 고속전철 차량 관련 자료나 현장 방문 요청을 해도 거의 접근이 안 된다는 것이었다. 특히 공장 방문은 철저히 보안을 유지하기 때문에 장관이 갈 때 동행할 수 있었으면 좋겠다는 요청이 있어 특별히 부탁했다. 그런데 처음엔 난색을 표하더니 좋다고 해서 현장에서 회사 관계자들도 최초로 함께 공장을 방문할 수 있었던 기억이 지금도 새롭다.

파리 샤를 드골 공항 시찰 및 Paris Air Show 참관

세 번째 날은 항공 관련 일정이었다. 오전에는 파리공항공단(ADP)을 방문하여 파리 전역의 공항 개발에 관한 역사와 계획에 관한 브리핑을 받고 곧이어 CDG 공항 현장을 시찰했다. 당시 CDG 공항은 1터미널이 완공되어 운영 중이었는데 그 터미널 확장 계획이 추진 중이어서 우리나라가 신공항을 계획하고 건설할 경우 ADP가 참여하고 싶다는 의향을 적극적으로 피력했었다.

이어진 그날의 오찬은 Rocard 수상이 주최하고 교통장관, 국방장관이 모두 참석하는 그야말로 국빈급 오찬이었다고 해도 과언이 아니다. 오찬에 이어 곧바로 수상 일행과 함께 Paris Air Show를 참관하는 일정이 이어졌다. 그리고 수행원들은 별도로 SNCF와 Alstom 관계자들과 함께 기술적인 분야에 대한 우리 측의 궁금한 사항에 대한 협의가 이어졌다.

일본 방문
(1989년 6월 19일~1989년 6월 22일)

04

● 차분했던 일본

　독일과 프랑스의 우리 일행에 대한 분위기는 당초 예상을 뛰어넘는 환대 속에서 조금의 여유도 없는 일정이었다. 그러나 일본의 경우는 예상외로 담담하고 차분한 가운데 지극히 사무적으로 진행되는 일정이라는 느낌이었다. 특히 독일이나 프랑스와 달리 고속전철 차량 제작사와의 면담이나 방문일정은 전혀 없이 공공기관 위주로만 진행되었다. 일본대사관 추천으로 일정을 짰는데 일본 특유의 관청 위주 문화의 영향이었을 수도 있고, 독일이나 프랑스가 사실상 Thyssen이나 Alstom사 위주로 고속철 차량이 제작됨에 비해, 일본은 당시 미쓰비시 중공업, 히타치 중공업 등 몇 개 회사가 발주할 때마다 경쟁하는 구도여서 특정 당사자가 없기 때문이었던 것 같다.

프랑스에서 일본 도착이 1989년 6월 19일 오전 10시 55분이었으나 사실상 오후 일정이 없어 대사관을 방문하여 당시 일본 측 동향과 향후 대응 방안 등을 협의했다. 그리고 대사 주최 만찬에 참석하는 일정으로 첫날을 마쳤다.

둘째 날인 6월 20일에는 아침에 철도종합기술연구소 방문 일정이 있었는데, 이 일정은 우리 측이 실무적으로 꼭 방문하고 싶어 요청했던 것이었다. 이 연구소는 이름과 달리 일본 내에서도 기술력으로는 전통과 명성이 높은 기관이다. 일본이 제2차 세계대전에 패전한 이후 항공기나 항공모함 등 세계 최고 수준의 무기를 설계하고 제작에 참여했던 기술 인력을 더 이상 전쟁 무기를 생산했던 기업들에 둘 수 없게 되자 핵심 인력을 사실상 이 철도종합기술연구소에서 모두 수용하고 있었다. 이들에 의해 세계에서 가장 먼저 1964년 일본의 신칸센 열차가 탄생하게 된 것이다.

이 연구소를 벤치마킹하여 공무원 조직인 철도청의 부속기관으로 있던 철도기술연구소를 1996년 3월 확대 개편하면서 오늘날의 한국철도기술연구원으로 재탄생시켰다.

이 연구원 방문 이후 신칸센 종합관제실을 시찰한 후 일본 해외철도기술협력회를 방문했다. 일본은 오늘날까지 국토교통성 산하의 재단법인으로 일본철도기술협력회를 계속 운영하고 있는데, 이 단체의 설립 목적은 해외 철도사업이 있을 때면 이 협력회를 중심으로 민관의 철도관계자들이 팀을 만들어 대응하도록 하는 데 있다. 최근 중동, 중남미, 동남아, 인도, 동유럽 등에서 대규모 철도 관련 사업의 발주가 많은데 언제나 이 기구가 중심이 되어 효율적으로 해외 수주를 뒷받침하고 있기에 우리나라도 지금이라도 이 같은 시스템을 마련할 필요가 있다고 느끼게 한다.

그날 오후에는 JR동일본철도회사를 방문하여 신칸센 철도의 건설 운영 현황을 파악하고 야마무라 신지로(山村新治郎) 운수대신과의 면담 일정이 있었으며 곧바로 운수대신 주관 만찬 일정까지 이어졌다.

6월 20일, 운수대신 주관 만찬 뒷이야기

6월 20일 오후 운수대신과의 면담은 의회 일정 때문에 오후 6시에 40분가량 짧게 사무실에서 공식적인 환담만 하고 끝났다. 김 장관께서 만찬 장소로 가기 전에 호텔에 잠깐 들렀다 가자고 해서 옷이라도 갈아입으시려나 생각했다. 그런데 호텔 앞 자동차에서 기다리고 있으니 키가 훤칠한 분과 함께 나오시는데 행사나 언론을 통해 낯이 익었던 금진호 전 장관과 함께 나와서 차를 타는 것이었다. 당시 금진호 전 장관은 1986년 상공부 장관을 그만두었지만 노태우 대통령과는 동서지간으로 대통령에게 여러 가지에 대해 상당한 비중의 조언을 한다는 얘기들이 떠돌고 있었다. 그날 김창근 장관과는 허물없는 친구 사이라는 것을 알게 되었다. 승용차 뒷좌석에 두 분이 앉아 얘기를 나누다가 앞자리에 앉은 필자를 의식하는 눈치를 보이자 김 장관께서 놀랍게도 "괜찮아. 이 친구는 믿을 만하다"라고 하시고는 얘기를 계속 나누었는데, 그야말로 나라 걱정에 가득 찬 얘기들뿐이었다.

특히 당시 여소야대 정국을 걱정하며 나누는 얘기들을 통해 김창근 장관의 임명 배경에 대해 다시 한번 어렴풋이 알게 되었다.

만찬장에 도착하니 일본 측에서는 운수대신 외에 당시 자민당의 주요 의원 한 사람이 함께 있었다. 그 자리는 이미 양측 주요 참석자들에게 별도 채널을 통해 충분히 상의된 것을 알 수 있었다. 프랑스나 독일과 달리 당시 한일 관계는 또 다른 형태의 소통 채널을 충분히 가동하고 있었던 것이다. 그런 자리이기에 감히 끼어들 엄두도 못 내고 당시 일본 대사관의 신봉길 참사관과 같이 서성이고 있었다. 그런데 방으로 들어오라는 얘기가 있어 시키실 일이 있는가 보다 생각하며 둘이 들어가니 그 자리에 합석하라는 것이었다. 잠깐 당황했지만 김 장관께서 이런 자리에서 어떻게 하는지 보고 배우라고 하셔서 얼결에 참석하여 만찬 진행을 보게 되었다.

사무실에서의 공식 면담과는 달리 운수대신도 노련한 정치인답게 양국 관계의 현안과 우리나라 고속전철사업에 대한 일본 정부의 열의를 적극적으로 설명했다. 우리 측 김 장관과 금 장관은 역시 모두 의정활동을 해본 관록으로 노련하게 대화를 이어가는 장면을 볼 수 있었다.

상당한 시간이 흐르고 만찬이 끝난 후 호텔로 돌아오는 차 안에서 김 장관이 "귀국하면 대통령께 바로 고속전철사업 추진에 강한 의지를 가지고 하자고 보고를 드릴 텐데 금 장관도 강하게 대통령께 지원해 달라"는 취지로 얘기했다. 그러자 금 장관 역시 "아, 당연하지. 들어가는 대로 대통령께 바로 말씀드리겠다"라고 화답하던 게 아직도 기억에 생생하다. 우리나라 고속전철 역사에는 이런 일화가 곳곳에 숨어 있다.

● **《설국》의 고장**
니가타까지의 조에쓰 신칸센 시승

셋째 날은 당시 일본에서 가장 최신의 기술로 1982년 11월 개통한 조에쓰(上越) 신칸센을 시승했다. 이 조에쓰 신칸센은 다나카 수상이 상대적으로 낙후했던 자기 지역구인 니가타를 위해 경제성이 낮다는 반대가 있었음에도 강력히 밀어붙여 건설하게 된 노선이다. 유명한 가와바타 야스나리의 노벨문학상 수상 작품인 소설《설국》의 배경인 조에쓰선 철도가 신칸센으로 탄생한 것이다.

"국경의 긴 터널을 빠져나오자, 설국이었다"라는 소설의 첫 문장은 너무나도 유명하다. '국경의 긴 터널'은 군마현과 니가타현을 잇는 조에쓰선의 시미즈(清水) 터널이었는데, 현재는 조에쓰 신칸센 전용의 신 시미즈 터널과 다이시미즈 터널로 개통되었다.

일본 관계자가 이 터널을 지날 때《설국》이야기를 하며 소개하였을 때 김창근 장관과 우리 일행들은 바쁜 일정 가운데서도 잠시 소설의 정취에 빠졌다.

"우리가 이거 할 수 있겠나?" 간사이 공항 건설 현장 방문(1989년 6월 21일)

동경에서 니가타까지 조에쓰 신칸센을 오전 8시 4분부터 10시 9분까지 탄 이후 니가타 공항으로 이동하여 대한항공 전세기로 오사카 공항까지 이동하였다. 곧바로 운수성 차관 출신의 간사이 공항 사장이 오찬 겸 간사이 공항 건설 현황에 대해 설명하고 13시 50분부터 건설 현장을 시찰하였다. 당시 간사이 공항은 육지에서 떨어진 바다 한가운데 호안을 쌓는 작업을 하고 있었는데, 일본 측에서 주선해 준 헬기로 상공에서 살펴보았다. 멀리 육지와 인근 섬들에서 토석을 특수 바지선으로 실어와 정해진 위치에서 배 밑바닥을 열어 쏟아붓는 호안 매립 작업을 3분의 1 정도 진행 중이었다.

헬기 시찰 전 현장사무소에서 수중 장비들과 컴퓨터로 각 바지선의 위치, 토석 투하 지점을 지시하고 쏟아붓는 과정에 대한 설명을 들었다. 인간의 지식과 열망이 대자연과 싸우고 있는 치열한 현장을 보고 있는 듯해 감탄하고 있는데, 김 장관은 나지막이 "김 사무관, 우리가 이거 할 수 있겠나?"라며 질문도 아닌 혼잣말을 중얼거리셨다. 헬기 아래 까마득한 바다에서 긴 포말을 그리며 끊임없이 작업 현장을 오가는 그 많은 바지선을 보며 감탄하고 있는데, 장관은 수도권 신공항의 험난한 미래를 예측하는 듯 걱정의 혼잣말을 하고 있었던 것이다.

이렇게 간사이 공항 상공에서 헬기로 크게 몇 바퀴 돌아보면서 길다면 길고 짧다면 짧은 11일간의 여정을 마무리하고 1989년 6월 22일 오후 5시 35분 대한항공 001편으로 김포공항에 도착했다.

파리에서의 마지막 밤,
"대통령 귀국보고서 준비하라!"

　프랑스에서의 3일 일정을 마친 저녁에는 주불 프랑스 대사
관저에서 일행을 위한 만찬 일정이 있었다. 만찬이 끝난 후 장
관께서 일행을 부르시더니 귀국하면 바로 청와대 보고해야겠으
니 대통령께 보고드릴 내용을 정리하라고 말씀하셨다. 일본 일
정을 남겨두고 있었지만, 독일과 프랑스 일정만으로도 고속전철
사업에 대한 확신이 들었던 것이다. 여전히 국내에서는 고속전
철에 대한 부정적인 기류가 많았지만 김 장관은 프랑스, 독일 두

나라를 거치는 동안 나름대로 고속전철에 관한 확신을 갖게 된 것이 확연히 느껴졌다.

말씀을 듣자마자 국내에서 출발하기 전에 미리 준비해 왔던 대통령 보고서의 초안을 드리니 "이게 뭔데?" 하시며 읽어보더니 "언제 이걸 준비했어?" 하며 약간 놀라는 눈치였다. 당시 강동석 기획관리실장이나 한지연 수송정책국장께서 지시하셨고 사전에 검토까지 했었다는 말씀을 드리자 상당히 흡족해하셨다. 그러면서 몇 가지 표현만 지적하시고 "수고 많았다"라는 말씀과 함께 김포공항에 도착하면 바로 청와대로 갈 수 있게 준비하라고 하셨다. 김창근 장관을 모시고 일하면서 처음으로 들은 칭찬이었다.

한국과의 시차를 고려하여 자정이 되어서 당시 기획예산담당관이었던 이헌석 과장에게 전화해서 사전에 준비했던 대통령 보고서 초안에 몇 가지 수정을 하도록 했다. 그리고 김포공항에 도착하면 장관께서 바로 청와대로 가지고 갈 수 있도록 준비해 달라고 부탁했다. 이 모두 사전에 계획했던 일이었기 때문에 서로 길게 설명할 필요도 없었다.

● "출장보고서는 미리 써 가지고 가야지"

출장보고서를 사전에 작성한다는 것은 사무관 시절 과장으로 모셨던 이헌석 과장이 늘 사무관들에게 교육시켰던 일이다. 해외 출장을 가기 전에 자료도 모으고 분석하고 가야 제대로 출장 목적을 달성하기 때문에 사무관들이 해외 출장을 간다면 반드시 사전에 출장보고서를 만들어서 과장에게 검토받고, 출장 후에는 새로운 사실이나 보완할 내용만 수정해서 제출토록 했기에 자연스럽게 습관이 되어 있었다.

더욱이 장관을 수행해서 사상 초유의 국책사업을 추진하기 위해 출장을 가는 경우 반드시 대통령께 사후 보고를 해야 할 것이므로 출장 전에 간부들과 미리 초안을 준비했는데, 내용이나 준비성 측면에서 모두 장관을 흡족하게 했던 것이다.

한 가지 아쉬운 점은 당시 출장보고서는 1991년 수송조정 과장을 떠나 청와대 근무를 발령받을 때 분명 중요 문서로 정부기록보존소에 이관했는데 다른 문서와 달리 찾을 수가 없었다는 것이다.

당시 주요 보고 내용은 고속전철은 독일, 프랑스, 일본의 사례를 보면 알 수 있듯이 상대적으로 인구 밀도가 높고 공단이나 대도시 등이 밀집해서 발달한 여건에서는 꼭 필요한 사업으로 우리나라도 당시 경부 축의 교통 애로를 감안할 때 시급히 추진해야 할 사업이며, 우리가 고속전철사업을 추진하더라도 차량 분야와 핵심 기술만 외국 기술을 도입하고 토목, 건설 분야는 우리 기술로 하는 것이 바람직하며, 독일, 프랑스, 일본을 포함한 각 국의 제안을 받아 기술 이전, 가격 조건을 엄정하게 평가하여 선정한다는 것을 위주로 작성했다.

당시 김포공항에 도착하자마자 강동석 기획관리실장이 보고서를 준비하여 장관께 건넸지만, 대통령 일정상 그날은 보고하지 못하고 이틀 뒤 장관이 직접 대통령께 보고하게 되었다. 보고 후 김 장관께서는 대통령도 보고 내용에 흡족해하시면서 고속전철 추진 의사를 더욱 굳히셨다는 것이었다. 금진호 장관의 일본 도쿄 회동 후 역할도 짐작케 하는 대목이었다.

이미 출장 전인 3월 대통령과 총리, 관계 부처 장관 모두로부터 고속전철과 수도권 신국제공항에 관한 기본 추진 방침에 대한 결재와 사인들을 받았지만 1989년 6월 출장 이후 양대 국책사업은 이로써 본격적인 추진 단계로 접어들게 된다.

교통부 장관의 해외 방문으로 국내에서만 고속전철사업이 탄력을 받은 게 아니라 프랑스, 독일, 일본도 대한민국 고속전철 경쟁에 본격적으로 뛰어들게 된 계기를 만들었었다.

"전 세계 모두 불러라!" 고속전철 국제 심포지엄 개최

(1989년 10월 16일~1989년 10월 22일)

06

행정의 수준을 뛰어넘는 정치적 혜안

1989년 3월 고속전철과 신국제공항에 대한 기본 추진 방침을 범정부적으로 확정한 후, 하루는 장관의 부름을 받고 갔더니 대뜸 "전 세계 모두 불러라!"고 하시는 것이었다. 무슨 뜻인지 금방 알아듣지 못하는 모습을 보시고는 "아, 고속전철 관련되는 모든 국가를 불러보란 말이야"라고 말씀하셔서 순간 '기술 품평회를 하자는 건가? 우리 계획을 국제적으로 관심 있는 사람들에게 설명회를 하자는 건가…?' 머릿속으로 뭐라고 답해야 할지

갑자기 복잡해졌다.

그러자 장관께서는 "대통령께 이런 대규모 국책사업일수록 공정하게 추진해야 하고 우리나라에 최대한 이익이 되도록 하는 방향으로 해야 한다. 때문에 각국이 자기 기술과 우리한테 해줄 수 있는 모든 지원 방안을 경쟁적으로 제시할 수 있도록 국제 논의의 장을 만들기로 했다"라는 취지의 설명을 하셔서 비로소 그 뜻을 이해하게 되었다. 그래서 각국이 기술 소개를 하는 형식이든 세미나나 심포지엄 형식이든 여러 대안을 국내 전문가나 외국의 전문가들과 상의해서 추진하겠다고 말씀드리고 나와, 일차적으로는 교통개발연구원의 차동득 부원장께 추진 방안을 한번 짜봐 달라고 부탁하였다.

당시만 하더라도 교통개발연구원의 조직, 예산 규모는 지금과 비견하면 턱없이 열악한 상황이라 늘 긍정적이고 낙관적이기만 한 차 부원장도 우선 예산 걱정부터 했던 게 지금도 기억에 생생하다. 그래서 동시에 우리나라 고속전철사업에 관심이 많을 수밖에 없는 프랑스, 일본 대사관 관계자들에게 이런 행사를 한다면 정부 관계자나 업계 관계자들이 함께 대표단을 꾸려 참석하도록 해줄 수 있겠느냐고 상의했더니 아주 적극적으로 추진해 보겠다고 이구동성으로 화답이 왔다.

이런 반응을 토대로 우리나라 철도 차량 제작업체와 국내 연구기관 관계자들과 접촉하기 시작하자 열띤 반응이 나와 자신감을 가지고 추진할 수 있겠다고 일차적으로 구두보고를 드렸다. 그런 후 세부 계획을 짜나가는 과정이었는데 해외 출장 일정을 함께 추진하느라 이 국제행사는 출장 뒤 본격적으로 추진키로 하고 출장을 다녀오게 되었다.

그런데 장관께서는 해외 출장 중 방문국마다 이 국제행사를 국제 심포지엄 또는 국제 세미나로 번갈아 호칭하며 상대국 장관들을 면담할 때마다 구두 초청을 한 덕에 자연스럽게 추진 방향이 정해지게 되었다.

이 과정에서 느낀 점은 역시 장관의 행정 수준을 뛰어넘는 정치적 식견이었다. 당시 고속전철과 신국제공항 추진에 대한 기본 원칙을 어렵게 주요 정부 부처와 대통령의 사인까지 받은 상태였다. 하지만 이들 대규모 국책사업의 추진에 관한 국내의 반응은 여전히 차가웠기 때문에 국제적인 반응을 통해 국내에 분위기를 띄울 일종의 홍행카드로 생각했던 것 같았다. 그래서 통상적으로 하던 수준의 국제 심포지엄이나 세미나로 생각하고 초기 보고를 했다가 정말 몇 번의 불호령을 맞았다. 그리고 장관 스스로가 장소, 초청 인사, 오찬·만찬 메뉴, 홍보 계획까지 아주 치밀하게 챙기는 모습을 보고 또 한 번 노련한 정치인 장관의 면모를 새롭게 보게 되었다. 하나하나 모든 것을 홍보 효과를 감안하여 점검하였기 때문이다.

더불어 앞으로 모든 과정을 철저히 객관적이고 공개적으로 추진해 나가겠다는 의지와 사인을 국내·외적으로 천명하고자 했던 것이다.

노태우 대통령 정권 이후 문민정부라고 불렸던 김영삼, 김대중 대통령 정권은 은연중에 고속전철과 신국제공항에 대해 부정적 기류를 안고 출발하였다. 여기에 일부 엉터리 같은 인사들이 자기들끼리 소위 '고속철 로비'라는 어처구니없는 작당을 벌여 강도 높은 검찰 수사까지 진행되었다. 이런 상황에서도 관련 공직자들은 어느 누구 한 사람 연루됨이 없이 객관적이고 투명하게 사업이 진행될 수 있도록 일찍부터 정치권이나 우리 사회 일각의 어두운 면을 차단하고자 했던 것이 김창근 장관의 이 국제 행사에 대한 심모원려였다고 생각한다.

장관의 Keynote Speech "Railway Renaissance"

이 행사를 준비하며 가장 어려웠던 일 중 하나가 심포지엄 모두에 장관 인사 말씀을 준비하는 것이었다. 통상 이런 행사의 주최 측 인사 말씀은 의례적으로 담는 얘기들이 있기 때문에 늘 하던 대로 의례적인 인사 말씀을 작성해서 추진 일정과 함께 보고했다가 불호령이 떨어졌다. "이렇게 전 세계를 대상으로 하는 국제행사에 장관이 아무 메시지도 없이 평범한 인사말이나 읽게 하는 게 말이 되느냐!"고….

그리고 "영문본이 왜 준비가 안 되었느냐?"고….

"영문본은 동시통역사를 준비하기 때문에 국문본을 미리 줄 거라"고 했다고 역시 불호령.

"통역사가 어떻게 진정한 의미를 제대로 소화할 수 있느냐, 영문본도 미리 제대로 준비해서 줘야지. 이런 행사에는 국문본을 먼저 만드는 것이 아니라 영문 스피치 원고를 제대로 만들고 그걸 우리말로 번역해야 하는 거"라고 제대로 야단을 맞았다.

지나고 생각해 보니 구구절절 옳은 지적이었다. 이후 공직 생활 내내, 공직을 그만둔 지 20여 년이 지난 지금까지 가슴 깊이 절절하게 와닿는 지적이었다.

영문 스피치를 준비하긴 했지만 장관의 질책을 받고서는 연설문 초고를 주고 전문 통역사 몇 사람에게 부탁도 하고 연구원의 박사들 몇 사람에게 부탁했지만 모두 만족스럽지 못하였다. 그럴 무렵 평소 가깝게 지내던 미국대사관 상무관에게서 닉슨 대통령 때 백악관 안보 보좌관을 지냈던 Richard Allen의 보좌관이었던 Mr. Shaffer를 소개받아 취지를 설명하고 직접 만든 초고를 주면서 도와주길 청했다. 그러자 며칠 말미를 달라고 해서 기다렸는데 정말 차원이 다른 영문 원고를 전달해 줬다. 백악관 근무 시절 대통령 연설원고도 작성해 봤다고 하더니 우선 영문의 품격이나 내용 자체가 달랐다. 제목부터 "Railway Renaissance"라고 달았는데 정말 신선하고 품격이 느껴졌다. 장관께서도 보시고는 아주 만족스러워하셨는데 아쉬운 것은 당시 원고를 찾을 수가 없었다는 점이다.

당시 Railway Renaissance는 고속전철 시대를 의미한 것
이 아니라 1980년대 중반부터 파나마 운하를 통한 태평양과 대
서양의 급증하는 컨테이너 화물을 수송하는데 Bottle neck이
생기자 해상물류 분야에서 발상을 전환하여 파나마 운하 통과에
제약을 받는 Panamax급 컨테이너선을 Post Panamax급으로
대형화하여 미국 서부와 동부 간의 항만을 내륙의 철도로 대량
수송하는 루트를 개발함으로써 Land Bridge의 개념이 활성화
되었다. 이러한 컨테이너 내륙 수송의 Land Bridge 활성화를
계기로 Railway Renaissance란 화두가 등장했다. 이에 착안
하여 대한민국에 고속전철이 계획된다는 것은 대한민국의 수송
혁명을 넘어 향후 남북 간, 유라시아 대륙으로의 교통혁명을 촉
발시킴으로써 동북아의 Railway Renaissance 시대를 여는 계
기를 맞이하는 것이란 요지였다.

국제 고속전철 기술 품평회에 머무를 수도 있었던 행사가
한반도와 동북아의 국제 정치적·지정학적 비전을 제시하는 단
계로 업그레이드된 순간이었던 것이다.

참가 국가 10개국, 참여자 수 600명의 열띤 행사

1989년 10월 16일 홍은동의 Swiss Grand Hotel에서 열

린 심포지엄은 일회성 행사였다. 짧은 준비기간에도 불구하고 프랑스, 일본, 독일의 직접 관계자뿐만 아니라 미국, 스페인 등에서까지 관계자들이 참석하는 호응도 높은 행사로 치러졌다.

국제 철도기구인 UIC의 Jean Bouley 사무총장과 프랑스의 Michel Dumerc 육상교통차관보, 일본의 Misao Sugawara 철도기술협력회장, 미국의 Wolf Louis Berger 사장을 위시하여 스페인의 고속전철, 독일 Maglev, 미국의 PM 관련 전문가들까지 참석한 정말 국제적으로 뜨거운 열기 속에 치러진 행사였다.

이러한 국제 규모 행사였음에도 사전 계획된 행사가 아니었던 데다 설령 계획되었다고 하더라도 당시 여건상 고속전철에 관련된 국제 심포지엄에 예산을 반영하기도 사실상 불가능했다. 하지만 결과적으로는 당시 교통개발연구원의 차동득 박사팀의 열성과 우리나라 철도 관련 모든 공공·민간기관의 지원이 큰 도움이 되었다.

지금 기억에 당시 행사비는 거의 5,000여만 원이 소요되었는데, 그나마 당시 고속전철 추진에 관한 정부 방침의 결정을 계기로 간신히 철도청 예산으로 교통개발연구원에 발주된 경부고속전철 기술조사(1989년 7월~1991년 3월) 예산 중 2,000여만 원을 어렵게 확보하여 준비를 시작하였으나 행사비에는 턱없이 부족하였다. 기술 시스템 선정을 위한 자료 수집과 앞서간 국가들의 경험을 전수받는 것은 물론, 범국민적 이해와 공감대를 형성하기 위한 목적도 있어 국내 언론과 대국민 홍보도 생각하지 않을 수 없었다.

　　Press Kit(보도자료)를 작성하고 언론 홍보자료를 시시각각 배포하는 것은 물론 수많은 외국 기자의 뒷바라지까지 하느라 전문 홍보 대행사와 행사 대행사까지 활용함은 물론 서울 시내 광화문 사거리, 시청 광장, 여의도 국회 주변에 홍보 탑과 플래카드까지 설치하느라 소요된 예산과 행정 절차도 만만치 않았다. 정말 우여곡절 끝에 무사히 치러졌다. 교통개발연구원과 국내 철도 차량 제작사였던 현대중공업, 대우중공업, 한진중공업의 지원이 바탕에 있었기에 가능했다.

비운의 중도하차, 김창근 교통부 장관 퇴임

07

폐암 재발로 인한
김창근 장관의 퇴임(1990년 3월 18일)

1989년 10월 고속전철 국제 심포지엄도 성공리에 끝내고 그 어느 때보다 교통부는 김창근 장관이라는 무게감 있는 장관을 중심으로 고속전철과 신국제공항 사업을 흔들림 없이 추진해 나갈 수 있었다. 이러한 가운데서도 김 장관은 여소야대 정국의 타개를 위한 정치적 격변기에 막후에서 중차대한 역할을 동시에 하고 있었다.

그러나 수년 전 발병했다 완치되었다고 하던 폐암이 다시 재발 조짐이 보이면서 눈에 띄게 조심스러워졌다. 사실 그 무렵 언론에서는 그의 정치적 비중 때문에 대통령 비서실장 중용설이 제기되었었고 상당히 신뢰성이 있게 진행되고 있었다고 알려졌다. 당시 교통부 내에서도 장관이 비서실장으로 갈 경우 양대 국책사업은 더욱더 추진에 탄력을 받을 것이란 기대감에 부풀었다.

그러나 하늘이 무심하게도 1990년 2월 하순 김 장관은 폐암 진단을 받고 잠시 입원하게 된다. 이때 아마도 본인이 대통령실에 더 이상 직무를 수행하기 어렵다고 판단하여 사의를 표명하게 되었던 것 같다.

병원에서 퇴원하며 지팡이를 짚고 사무실에 등청하는 장관의 모습에서 정말 어제까지만 해도 그토록 고속전철과 신공항에 대한 열정에 차 있던 그 모습과 너무 대비가 되어 각인이 되었다.

1989년 말, 군 헬기를 타고 영종도 갯벌 상공을 시찰하면서 "야, 저기 저 갯벌에 우리가 공항을 건설할 수 있겠나?" 하시면서도 무언가 결연하게 각오를 다지던 모습이 오버랩되어 떠올랐다.

'과연 이분이 아니었다면 고속전철과 신공항 사업을 이렇게까지 끌고 올 수 있었을까?' 하는 생각과 함께….

1990년 3월 18일 청와대에 다녀오신 후 이임식을 하고 교통부 장관직을 떠나셨다. 그야말로 일진광풍을 몰고 왔다 홀연히 떠났다.

Episode, "고속전철, 신공항은 차질 없이 진행될 것이다"

김창근 장관은 이임사에서도 이렇게 강조했다. 이임식을 하기 전에 청와대에 다녀왔는데 아마도 당시 정치 상황에서 여소야대 현상의 타개를 위한 얘기와 함께 고속전철과 신공항 양대 국책사업의 차질 없는 추진에 대한 다짐을 단단히 받고 오셨던 것 같다. 이임식 후 장관께서 부르신다는 비서실의 얘기를 듣고 장관께 갔더니 앉으라고 하시더니 "내가 고속전철이나 신공항 사업을 좀 더 다져놓고 가고 싶었는데 사정이 그렇지 못해 아쉽지만, 대통령께서도 차질 없이 추진하겠다고 하셨으니 잘될 거다. 그동안 자네가 고생이 많았다. 내가 자네는 꼭 서기관 승진을 시키고 떠나고 싶었는데 그러지 못해 미안하다. 차관께 당부해 놓았으니 걱정 말고 일이나 잘 챙겨라"며 손을 꼭 잡아주셨다.

불호령은 많이 맞았지만, 그 열정과 탁월한 판단력, 추진력에 야단맞는 줄도 모르며 정신 못 차리게 바빴던 시간이 오히려 즐겁고 보람이 넘쳤다. 순간 가슴 한편이 갑자기 텅 빈 것 같은 느낌이 몰려와 나도 모르게 눈물이 핑 돌았다.

일개 사무관을 이임식을 하는 날 따로 불러 평소와는 다르게 자상하기 이를 데 없는 말투로 '고속전철, 신공항 사업이 차질 없이 잘 진행될 거다'라고 하시면서 자식같이 생각하고 다독거리시던 모습은 지금도 뇌리를 떠나지 않는다.

제4장

고속전철 건설 전담 기구 설치와 관련한 우여곡절

문제의 발단,
1,006명의 고속전철 건설본부 직제안

가장 고심됐던 부분

사실 이 글을 쓰면서 가장 어려웠던 부분이 이번 장이다. 몇 번을 고쳐 썼는지 모른다. 부분 수정도 했다가, 썼던 걸 폐기하고 다시 쓰기를 두세 번 했다. 그만큼 고심이 컸던 부분이다.

백 년 철도 역사에서 가장 큰 변화를 초래할 고속전철사업에 관한 정책 결정이 10여 년에 걸친 노력 끝에 겨우 빛을 보게 되었는데 가장 반기며 환호해야 할 철도청의 반응이 전혀 예상 밖이었기 때문이다.

모든 정책 결정은 철도청이 건설을 맡는 것을 당연한 전제로 시작하였는데 막상 정책을 결정하고 본격적인 준비 단계에 들어가야 할 시점부터 추진 의지나 실질적 진척이 뚜렷이 보이지 않았기 때문이었다.

실무를 담당했던 필자 입장에서는 4년여 동안 고군분투하는 동안 내심 불안했던 부분이었다. 하지만 그래도 정책 결정이 큰 차원에서 이루어지고 나면 주어진 테두리 내에서 실천을 해나가면 되기 때문에 큰 문제가 없으리라 생각했다. 그러나 예상은 빗나가고, 불안하게 여겼던 부분이 현실화되었기에 몹시 당혹스러웠다. 실무담당자의 입장이 그럴진대 최고 정책 결정 당국자인 청와대나 교통부 수뇌진의 당혹스러움은 상상하기 어려울 정도였다.

결과적으로 경기를 앞두고 철도청이란 선수를 배제하고 한국고속철도건설공단이란 새로운 선수를 긴급 투입하여 경기를 끌고 갈 수밖에 없는 전례 없는 상황이 벌어졌다.

이 과정에 대해서는 누구도 전체적 맥락을 자세히 알지 못하는 상황에서 지금까지 회고되고 기록되어 왔기 때문에 비교적 정확하게 자료와 사실에 근거하여 정리하고자 한다. 분명히 얘기할 것은 그때나 지금이나 철도 현장에서 종사하는 절대다수 구성원의 책임감이나 헌신적인 노력은 그 어느 직종보다 투철하다는 점이다.

다만, 개개인의 역량이나 노력과 달리 시대적 상황이나 구조적 한계 때문에 그 변화의 흐름을 유연하게 따라가지 못한 부분이 있어, 그렇게 될 수밖에 없었던 요인들도 짚어봄으로써 반면교사로 삼고자 한다.

📍 상황이 어떠했기에?
1989년 말의 고속전철 추진 상황

1989년은 우리나라 고속전철 추진 역사의 변곡점을 긋는 중요한 해였다. 3월에 관계 부처와 대통령까지 협의하고 결재한 최초의 의사결정이 있었고, 6월엔 김창근 장관이 독일, 프랑스, 일본을 순방하며 우리나라 고속전철 사업에 대한 공식적인 소개와 함께 외국 고속전철 선진국들에게 우리나라 사업에의 참여를 사실상 공식 요청하였다. 10월에는 고속전철 국제 심포지엄을 통해 우리나라 고속전철 사업에 대해 국내외에 붐을 일으킨 한 해였다.

이런 가운데 실질적 준비를 위한 고속전철에 대한 사실상 최초의 기술조사 용역도 7월에 철도청이 교통개발연구원을 주관으로 국내외 전문회사들을 참여시켜 착수하였다. 외관상으로만 보면 정말 순조롭게 진행되는 것으로 보였다.

그러나 외관상의 모습과 다르게 내면적으로는 필자 혼자서 단기필마로 매일매일 고군분투하는 나날의 연속이었다. 당시 4만여 명의 거대 조직 철도청은 고속전철사업을 지원하는 전담 조직 하나 없었다. 그리고 철도청에 요청하여 받는 자료나 정보도 정확한 것이 없어 외국 대사관이나 철도 차량 제작업체, 연구소 등에 직접 요청하여 간신히 도움을 받는 상황이었다. 고속전철 국제 심포지엄도 교통개발연구원과 국내 철도 차량 제작업체의 협조로 겨우 진행시킬 수 있었다.

그래도 당시 이를 악물고 버틸 수 있었던 것은 이제 곧 철도청이 모든 일을 이어받아 실질적인 사업 주체가 될 테니 그때까지만 버티자는 심정으로 매일매일 고군분투하는 상황이었다.

당시 고속전철과 관련해서 청와대뿐 아니라 국회, 언론, 경제기획원 등 온갖 기관에서 요청하는 자료 작성만으로도 정신이 없었으니 기술 방식 선정, 재원 조달, 건설 준비에 관한 정책 결정 차원의 일들을 사무관 1명, 주사 1명 조직의 교통부 차원에서 더 이상 체계적으로 준비한다는 것은 상상도 하기 어려웠다.

● 1,006명 고속전철건설본부 직제로부터 발단은 시작

1989년 10월 말 당시 총무처와 경제기획원 예산실 담당자들로부터 철도청이 제출한 고속전철건설본부 직제에 대해 제대로 협의를 했느냐는 질책성 전화를 받고부터는 정말 인내의 한계치를 벗어나고 말았다. 그토록 간곡히 설득했건만 철도청은

1989년 10월 27일 1급 본부장과 5개국 1,006명 규모의 고속전철건설본부 직제안을 총무처에 제출했었던 것이다.

철도청 입장에서는 정부가 방침을 정해 주었고 조직도 만들라고 했으니 건설본부 직제안을 제출하였고, 교통개발연구원 주관의 기술조사도 철도청 예산으로 착수하였으니 할 일을 다하고 있다는 강변이었다.

직제안만 해도 기존 철도청 본부 조직과 같은 규모를 처음부터 만들 필요는 없으니 점차 확대하는 안을 제시하라고 했음에도 청장, 차장이 절대 안 된다는 입장이어서 잠시 보류하고 다시 논의하자고 했다. 그러나 불쑥 총무처에 제출해 버렸다.

당시는 정부 조직이나 인력 증원, 예산의 증액은 어떤 사업도 철저하게 억제하는 입장이어서 어느 부처든 조직, 예산 확대는 아주 어렵게 여기고 있던 때였다. 당장 교통부만 해도 그 방대한 철도 업무를 사무관 1명, 주사 1명으로 처리하고 있어 1개 철도 정책과 신설 협의가 몇 년째 진척도 없던 상태였었다.

문제는 이러한 직제안 규모의 방대함이 아니라 직제안이 받아들여지기 전까지는 고속전철 업무를 제대로 담당하기 어렵다는 철도청의 입장이었다.

당시 철도청 수뇌부는 고속전철 업무를 철도청이 담당하겠다고 하는데 정작 제대로 상의할 대상이 전혀 없다는 게 문제였다. 당시 신종서 건설과장이 사실상 전담 창구로 바쁘게 다녔지만, 신종서 건설과장 차원에서 모든 일의 협의가 이뤄지기에는 너무 방대하고 고도로 전문화되어 가는 단계였다. 시각의 차이가 너무 컸다.

청와대 입장,
불안한 고속전철사업 추진

이유 있는 청와대의 불만

앞서 잠깐 언급하였지만, 당시 청와대와 여당은 1990년 1월 22일 발표된 3당 합당을 통해 여소야대 정국을 벗어나는 담대한 구상을 하고 있던 때였다. 뿐만 아니라 과거 공산권이었던 러시아, 중국, 동유럽과의 수교는 물론 남북한 유엔 동시 가입 등의 외교 정책도 숨 가쁘게 진행하고 있었다.

국내적으로는 유례없이 심각했던 주택 문제를 해결하기 위한 주택 200만 호 공급과 만성적인 교통난의 해소를 위한 대책의 일환으로 고속전철과 신공항 건설사업을 야심차게 밀어붙이

고속전철 건설 전담 기구 설치와
관련한 우여곡절

고 있던 때였다.

지금은 이 정책들 상당 부분이 긍정적인 평가를 받고 있지만 정작 당시에는 야당을 비롯해 언론과 국민 대다수로부터 상당한 저항이 있었다.

이러한 저항이 여간 심한 것이 아니었기에 청와대는 주요 정책 과제들에 대해서 더더욱 효율적이고 속도감 있는 추진을 요구할 수밖에 없었는데, 교통부와 철도청이 담당하는 고속전철과 신공항 건설은 요란하게 시작 발표는 하였지만 1989년 3월 정책을 발표한 이후 실질적인 진척을 보일 만한 결과를 내놓지 못하고 있었다.

반면 같은 시기에 의사결정을 했던 건설부의 신도시 개발 계획과는 너무 대비가 되었었기에 청와대의 불만은 나날이 높아질 수밖에 없었다.

속도감 있는 건설부의 신도시 개발사업과의 대비

신도시 개발사업과 고속전철사업을 평면적으로 비교하긴 어렵지만 당시 정부가 같은 시기에 같은 비중을 두고 추진했었기에 청와대나 정부 부처 입장에서는 비교할 수밖에 없는 입장이었다.

교통부의 고속전철과 신공항 사업 추진 구상이 1989년 3월, 건설부의 주택 200만 호 건설계획과 이를 위한 분당, 일산, 중동, 평촌, 산본 신도시 건설계획이 1989년 4월 사실상 같은 시기에 발표되었다. 당시 정부는 교통부의 고속전철과 신공항, 건설부의 신도시 사업 모두 실무 추진을 위하여 교통부에 신공항건설기획단, 철도청에 고속전철건설기획단, 건설부에 신도시건설기획단 체제를 갖출 수 있도록 청와대 주도로 총무처와 경제기획원 예산실까지 사전 조율을 해주었다.

　　건설부는 재빨리 청와대 건설교통비서관을 지냈던 홍철 씨를 건설부 신도시건설기획실장으로 영입하고 2개 국장, 30여 명의 규모로 곧바로 신도시기획실을 설치하였다. 그리고 1989년 10월에 신도시 개발 기본 구상(안)을 청와대에 보고한 후 11월 8일에는 1단계 택지조성 공사 착공에 들어가면서 그해 12월 12일에 전체 개발계획(안)에 대한 공청회까지 끝낸다.

　　이런 신속한 추진 덕분에 발표 후 1년도 되지 않은 사이에 1990년 3월 31일에는 개발계획에 대한 건설부의 최종승인까지 마쳤다.

　　이때의 사업 규모만도 성남시 분당 일대 540만 평, 10만 5천 호(42만 명 수용), 고양시 일산 일대 460만 평, 7만 5천 호(31만 명 수용)로 전례 없는 대규모 사업이었지만 정말 속도감 있는 추진이었다.

　　1989년 4월 정책 발표 후 곧바로 추진 전담 기구를 만들고

6개월 만인 10월 기본 구상을 청와대 보고하고, 한 달 뒤인 11월 1단계 택지조성 공사 착공 후 4개월 뒤인 1990년 3월 전체 사업계획에 대한 최종승인까지 모두 1년밖에 걸리지 않았다.

반면 고속전철사업의 경우 1983년 3월 정책 발표 후 4개월 만인 7월에 기술 타당성 조사 시행, 10월에 국제 심포지엄 개최 실적이 있었고, 정책 발표 후 7개월 만인 10월 말에 전담 기구인 고속전철건설본부 직제안을 총무처에 제출하였으나 1,006명이란 정원 요구안은 사실상 중앙부처 1개를 신설하는 수준이었다.

아무리 고속전철사업의 규모가 신도시와 다르다고 강조하더라도 사업 추진 속도나 직제 요구안은 정상적인 추진 의사를 가지고 있다고 보기 어려울 수밖에 없는 현실이었으나 정작 철도청 수뇌부는 이런 외부 인식에 놀라울 정도로 초연했다.

● **인내의 한계에 도달한 청와대,**

**1989년 11월 유례없는 청와대의
고속전철 추진 태세 불시 현장 점검**

당시 청와대에서는 경제수석실 산하 건설교통비서관실에서 신도시 개발사업과 고속전철, 신공항 사업을 담당하고 모니터링하고 있었다. 1989년의 정기국회에서는 그 어느 때보다 주택 200만 호 공급, 고속전철사업에 대한 찬반 질의와 공방이 열띠게 진행되고 있었고 더불어 언론과 시민단체의 반대론도 비등하고 있었다. 하지만 고속전철 업무는 앞서 살펴본 대로 중요한 진척 사항이 없는 상태라 부정적 여론 형성에 제대로 대응할 논리적 기반이나 가시적 성과가 부족하여 수세에 몰리는 형국이었다. 정작 사업을 주관하고 있는 철도청은 연구용역 중이라는 천편일률적 대응뿐이니 그동안 철도청의 행동을 못마땅하게 보던 청와대가 드디어는 참다못해 1989년 11월 말 오후 늦게 당시 장부시 교통담당행정관을 보내 고속전철과 신공항 준비 업무에 대한 불시 점검을 하는 전례 없는 사태가 벌어졌다.

신공항 사업은 다행히 당시 교통부가 어렵사리 당시 서부역 옥상 가건물에 사무실을 마련하고 이헌석 기획단장과 15명 수준의 기획단 직원들이 업무를 제대로 추진하고 있어 점검을 나온 장부시 행정관이 비교적 안심을 하였다. 그러나 철도청의 경우 형식상의 고속전철추진전담반을 운영하고 있었지만, 필요시 관계자가 모여 회의를 하는 정도였다. 점검 당시 모두 자기 원래의 업무들을 하느라 사무실이 텅 빈 것을 확인한 장부시 행정관이 평소 과묵하고 온화한 성품과 달리 굉장히 화가 난 상태였던 것이 지금도 또렷이 기억이 날 정도이다.

당시 철도청 상황을 확인하고 곧바로 같은 건물에 있던 교통부 차관실을 방문하여 청와대의 실망스러운 입장을 표명하고 있었다. 그때 철도청 차장이 뒤늦게 올라와 고속전철 업무는 필요시 관계자들이 모여 계속 업무 협의도 하곤 하는데 점검 당시 마침 모두 자기 소속 업무를 하느라 관계자들이 없었다는 취지로 변명을 했다. 그리고 앞으로 보다 철저히 고속전철 업무를 챙기도록 하겠다는 취지로 설명을 하였지만 당시 분위기는 냉랭했다.

철도청, 고속전철 실무 작업단(기획단) 구성

이러한 청와대의 불시 점검이 있은 후 1989년 12월에 철도청은 부랴부랴 54명으로 구성된 고속전철 실무 작업단을 발족시켰다.

그러나 이 조직도 정식 조직이 아니어서 발령들은 냈지만 기존 담당하던 업무도 함께하는 인력이 대부분이었고 사실상 전담 인력은 극히 소수에 지나지 않았다. 명칭도 실무 작업단, 기획단으로 혼용해 사용하는 정도의 시스템이었다. 전국에 걸친 최첨단 고속전철 건설사업을 계획하고 추진하기엔 역부족이라고 할 수밖에 없었다.

이러한 기구가 제 역할을 하려면 사업의 전체를 조망할 수 있는 리더와 사업 전체를 이끌고 갈 수 있는 준비조직의 성격이 되어야 한다. 하지만 당시의 조직은 기존 철도의 운영이나 철도개량 사업의 경험만 가진 철도청 인력으로 구성된 근본적 한계를 지닌, 최소한의 실무적 뒷받침도 하기 어려운 수준의 조직이었다. 그래서 사실상 변화가 전혀 있을 수 없는 실정이었기에 외부의 부정적 시각은 오히려 커져만 갔다.

급기야는 특단의 대책을 만들어야 하는 상황을 초래하게 된 것이다.

왜 그랬을까?
가장 헌신적인 조직,
철도의 역설

철도인

철도청장 시절 러시아 철도부 장관에게 들은 얘기가 있다. "전 세계 철도인은 생면부지라도 만나는 그 순간부터 절친한 친구가 된다." 철도에 근무하면서 정말 공감할 수 있었다.

철도는 마주 보는 두 개의 레일이 한 치의 오차도 없이 유지되어야 하고, 정시에 정확히 운행되어야 하며 조금의 흐트러짐이 없이 안전하게 운행되어야 한다. 그러기에 철도인들은 어느 나라나 한 치의 흐트러짐도 없이 헌신적이다.

때로는 고지식하다는 평을 들을 수밖에 없다. 융통성을 부려서도 안 된다. 직업의 특성상 어느 나라나 비슷한 유형의 문화가 형성될 수밖에 없어 철도인은 자기들끼리 만나면 코스모폴리탄이 되는가 보다. 오래전에 있었던 일본 영화 〈철도원〉을 떠올리면 표준적인 철도인이 상상이 될 것이다.

그러면서도 철도인들은 모두 자기 분야의 전문가들이다. 그 전문 분야가 아주 많다. 건설, 궤도, 운전, 신호, 통신, 차량, 운수, 역무, 안전… 서로 상이한 분야끼리 모여서 통합 일체형의 철도란 시스템을 만들어야 한다. 바꿔서 얘기하면 융통성이 허용될 수도, 허용되어서도 안 되는 조직이다. 100년 가까운 세월 동안 쌓아온 우리 철도 역사에 고속전철이란 미래형이 자리 잡기 쉽지 않았던 것은 역설적이게도 많은 분야 중 '자신이 맡은 분야에만 몰두해야 하는 이런 철도인의 특성 때문이 아니었을까?'라고 추론해 본다.

● 당시 우리나라 철도청의 구조적 한계, 철도특별회계

당시에는 정부 기관, 공무원 조직이었던 철도청을 기업처럼 운영할 수 있도록 정부 예산 회계제도에서 예외적인 조치를 취한다고 만들어 준 것이 철도특별회계 제도였다. 그러나 이 제도가 우리나라 철도 발전에 결정적인 족쇄가 되었다는 것을 정확히 인식할 필요가 있다.

철도는 기업 경영체제이기 때문에 철도가 버는 수입으로 유지 관리뿐 아니라 건설사업까지 모두 책임져야 한다는 논리였다. 그러기 위해서는 요금, 인력 운영과 철도의 건설 운영에 관한 모든 권한도 철도청에 주어야 했으나, 철도 요금은 정책적 이유로 원가에 턱없이 못 미치는 수준에서 국무회의의 의결을 거쳐 결정되고 있었다.

물론 건설사업의 경우 정부가 특별회계 전입 형태로 지원을 해주긴 했다. 그러나 요금을 억제하는 대신 일반 유지보수와 안전에 대한 지원을 해주면서 특별회계란 명분으로 늘 수요에 비해 부족한 수준으로 예산을 책정해 주니 도로에 비해 철도투자는 형편없는 수준으로 이루어질 수밖에 없었다. 그리고 철도차량이나 시설 장비의 투자도 제때 이루어지지 않아 1980년대 내내 크고 작은 안전사고가 끊이질 않았다.

이러한 상황은 정도의 차이는 있지만 지금도 사실상 크게 개선되지 않고 있다. 당시 철도청이나 지금의 코레일은 이런 구조적 한계 속에서 운영되고 평가되고 있어 우리나라 철도인들은 늘 구조적 적자를 자기들의 숙명인 양 받아들이며 어렵게 고군분투하고 있다. 지금도 서울-대전 간 KTX 요금이 웬만한 서울 시내 택시 요금보다 낮은 수준에서 운영되고 있는 아이러니가 언제까지 계속되어야 할까?

특이했던 것은 1980년대 중반 철도청은 수년 동안 적자 규모를 매년 상당 수준 줄여나가 당시 전두환 대통령으로부터 칭찬까지 받는 이례적 현상이 발생했다. 그러나 이 당시 적자를 감소시킨 마술은 당시 막대한 국유 철도의 부지를 유휴자산이란 명분으로 매년 매각하면서 그 토지 매각 대금으로 '적자 축소 운운'했던 것이었다.

일본 철도가 그러한 유휴부지들을 개발하여 막대한 부대 수입을 올리고 있고, 지금 코레일이 용산 정비창 부지개발로 막대한 수익을 창출하는 구상을 현실화하고 있는 것을 생각하면 불과 30여 년 전의 철도청 행태가 얼마나 어처구니없는 일인지 새삼 아쉽기만 하다. 이들 부지를 체계적으로 활용할 수 있었다면 과연 어떤 결과가 나왔을까? 두고두고 아쉬운 부분이다.

국가기관이었던 철도청을 차라리 일찍이 공기업으로 전환시켰어야 했다. 그런데 공기업으로 전환할 경우 공무원보다 인건비가 높아져서 공사화도 미룬 채 기업 경영체제로 유연성을 준다는 명분으로 철도특별회계의 족쇄를 채운 모양새가 된 것이다.

이런 상황에서 그 막대한 고속전철 투자비는 추진 당사자인 교통부가 경제기획원을 설득해 예산을 100% 받아 줄 수 있으면 몰라도 철도청 입장에서는 솔직히 관심도 없다는 입장이었다는 것이 당시의 실상이었다.

그러다가 1988년 12월 교통부에 김창근 장관이 부임하면서 그전과는 다르게 철도청 청장을 부르고 심지어 철도청 국장들까지 직접 불러 묻고 지시하면서 고속전철에 대한 대통령의 의사결정까지 이끌어냈다. 그러자 비로소 철도청은 다소 태도를 바꿔 조금씩 적극성을 띠기 시작했으나 철도청 상층부의 근본 입장은 크게 달라진 게 없었다. 정부에서 예산, 조직을 모두 지원해 준다면 철도청은 못 이기는 척 고속전철 사업을 맡겠다는 것이 당시 철도청 상층부의 입장이었다.

물론 당시 철도청의 국·과장, 사무관들 중에는 이런 분위기를 이용해 철도청이 환골탈태해야 한다는 열의에 가득 찬 사람들이 상당수 있었고 이들이 이후 우리나라 고속전철 역사에 크게 기여한 것도 사실이다.

이러한 상황이었으니 한편은 당시 철도청의 입장도 입장을 바꿔 생각하면 이해되지 않는 것도 아니었다.

누구도 해본 적이 없던 일이었다

1989년까지 최고 시속 300km 이상의 철도를 건설하고 운영해본 경험이 있는 나라는 일본과 프랑스밖에 없었다. 당시 독일도 준비는 하고 있었지만 영업운전 단계는 아니었기에 이후 차량 방식을 선정하는 과정에서도 사실상 프랑스와 일본 두 나라만 제대로 참여한 셈이다.

100년 가까운 철도 역사상 우리 스스로 건설해 본 신선은 경인전철과 서울과 부산의 지하철로, 고속전철과는 차원이 다른 수준으로 비교의 대상이 되지도 못했다.

　　건설 기준부터 차량, 신호통신 방식 모두 우리가 경험해 보지 못한 최첨단 기술 방식일 뿐 아니라 궤도 건설이나 유지보수 측면에서도 고도의 정밀도를 요구하는 기존 철도 운영 시스템 전체를 바꾸는 일대혁신이 요구되는 과업이었다.

　　그뿐 아니라 지금까지 경험하지 못한 막대한 투자비의 조달 방식 또한 기존 재정 투자 방식과는 다른 대안을 검토해야 하는데, 당시 철도청뿐 아니라 다른 어떤 조직도 정통한 인력이나 조직을 갖춘 데가 있을 수가 없었다. 솔직히 철도청을 탓할 일도 아니었던 것 같다.

철도청 공사화,
고속철도건설공단 설립

1962년부터 논의되었던
철도 공사화

　　철도청의 공사화는 오랜 역사를 가지고 있었다. 철도정책
이나 철도의 건설과 운영에 관한 정부 기능은 산업혁명 이후 어
느 국가나 가장 중요한 정부 기능으로 인식되고 수행되었기에
거의 대부분의 국가가 중앙행정기관으로 운영하여 왔다. 그러나
제2차 세계대전 이후 정부의 기능이 훨씬 복잡다단해지고, 교통
수단도 육상운송에서 자동차의 역할이 중요해지고, 항공과 해운
의 역할도 중요해지면서 선진 각국 대부분이 철도에 관한 정책

기능은 정부에서 담당하되 방대한 인력의 철도 운영 기능은 별도로 공기업화하여 운영하고 있었다.

그러나 우리나라의 경우는 1962년부터 UN 산하 원조 기관이나 IBRD 등으로부터 지속적으로 철도청의 공기업화에 대한 권고를 받았다. 그리고 정부 스스로도 체신부의 우정 기능과 철도 운영 기능에 대한 공기업화 필요성을 인식하고 대안을 수차례 검토해 왔었다.

그러나 그때마다 인건비 증액 요인이나 국가 공무원 신분으로 남기를 원하는 철도청 직원들의 요구 등으로 철도청 공사화 논의는 논리적 타당성을 공감하면서도 정책 결정을 하지 못하고 늘 답보 상태에 머물렀다.

1987년 9월 유학에서 복귀한 이후 수송조정과에 발령받으면서 고속전철 추진에 관한 업무를 진행하는 것과 병행하여 철도 공사화도 정기국회나 대통령 업무보고 등 정책과제 추진과 관련한 주요 계기가 있을 때마다 교통부의 주요 정책 추진 과제로 꾸준히 제출했다. 여러 우여곡절이 있었지만 철도청 공사화는 1988년부터 경제기획원 예산실, 총무처 등과 실무 협의가 상당히 진행되어 가고 있었다. 특히 고속전철에 관한 논의가 가시화되어 가면서 4만여 명에 이르는 거대한 조직인 철도청을 중앙행정기관의 국가공무원 체제로 유지한다는 것이 간소한 정부를 지향한다는 당시 정부의 방침에도 맞지 않았다. 하지만 고속전철의 운영을 계기로 만성적인 철도 적자 경영체제를 탈피할 수 있다는 논리와 어느 정도 맞아떨어졌기 때문이었다.

🔘 철도청 공사화의 급진전

1988년 당시만 해도 철도청 공사화 업무와 고속전철 업무를 필자가 맡아 끌고 갈 수밖에 없었다. 마침 철도청에서 근무하던 24회 행정고시 동기였던 김광재 사무관이 교통부로의 전입을 희망해 1989년부터 같은 수송조정과에서 근무할 수 있어 철도청 공사화 업무는 김광재 사무관이 맡아 실무적인 추진에 한결 가속력이 붙게 되었다.

이 당시만 해도 고속전철의 건설, 운영은 철도청이 맡아서 진행하되 철도청이 공사화되더라도 정책 결정이나 정부 예산지원 같은 업무는 교통부에서, 고속전철의 건설, 운영은 공사화되는 철도공사에서 철도청에서 하던 기능을 그대로 이어받아 수행한다는 원칙으로 철도 공사화와 고속전철 건설 정책이 진행되고 있었다.

그러나 철도 공사화에 대한 철도청의 입장은 고속전철과 마찬가지로 교통부가 한다고 하니까 공개적인 반대는 안 하더라도 20년간 못 했는데 제대로 되겠느냐는 회의적인 시각에서 강 건너 불구경하듯 했었던 것이 사실이다. 그러나 다른 때와 달리 고속전철과 함께 철도청 공사화도 속도감 있게 추진이 되자 내심 당황한 기류가 엿보였었다.

특히 고속전철 의사결정과 맞물려 그동안 소극적 입장을 보였던 경제기획원과 총무처의 문턱을 넘어 1989년 정기국회에까지 철도공사법안이 상정되던 상황에까지 이르자 당시 철도청은 상당히 동요하기 시작하였다.

속사정을 보면 1989년 3월 고속전철의 추진 방침 결정 이후 계속 소극적 자세로 일관하는 철도청에 대한 실망감이 철도공사화에 박차를 가하게 된 것도 사실이다.

이렇게 되자 그동안 고속전철의 착공 이전까지는 별도의 고속전철 추진 기구의 필요성이 없다고 강변하던 당시 철도청 수뇌부는 돌연 1,006명 규모의, 사실상 1개 중앙행정부처에 맞먹는 규모의 고속전철건설본부 설치안을 1989년 10월 27일 당시 총무처에 제출하였다. 이는 당시 철도청 본부조직 규모와도 같은 수준으로 차장급 1급 본부장과 5개국을 설치하는 안이었고, 이런 규모가 아니면 고속전철 업무를 수행할 수 없다는 입장이었다.

고속전철 건설 과정에서 상당수 인력을 늘릴 필요는 있겠지만 기존 철도청의 건설, 시설, 전기, 차량, 운수, 영업본부 인력도 활용할 수 있고 건설 후에는 건설 기간 중에 늘어난 인력을 축소 조정할 수요도 나온다는 교통부나 경제기획원, 총무처의 인식과는 전혀 다른 사고방식이어서 모든 다른 관계당사자를 당황하게 만들기에 충분했다.

이런 과정을 대외적으로는 공개할 수 없었기에 한편 정부 내에서는 철도청의 공사화 필요성에 더 공감하게 되었고 이런 분위기 속에서 철도청 공사화도 더욱 빠르게 진행되고 있었다.

철도청 공사화는 고속전철 추진과는 상관없이 진행되던 것이 1989년부터 내막으로는 긴밀하게 연계되어 추진되게 된 것이다.

고속전철 건설 전담 조직에 대한 구상의 진전

고속전철에 관한 건설 전담 조직을 공단 형태로 별도로 설립할 구상은 전혀 고려해 보지 않았었다. 철도청을 공사화할 경우 고속전철의 건설과 철도청 공사화를 어떤 관점에서 보고 양과제를 진행할지에 관한 검토를 하지 않을 수 없었다. 때문에 동과제의 Time Schedule을 비교·검토하는 과정에서 여러 대안 중 하나로 고속전철 건설만 전담하다가 추후에는 모든 철도의 건설 기능도 담당하는 조직의 설립도 그냥 생각해 보는 정도였다. 그래서 1987년과 1988년 일본 출장을 갈 때 일본 정부 간행물센터를 들러 여러 책자와 자료를 모으고 일본 관계기관 방문 시 유심히 사례도 살펴볼 수밖에 없었다. 그러면서 당시 일본 운수성 산하의 철도건설공단과 일본철도총합(종합)기술연구소를 의미 깊게 보고 연구도 하게 되었다.

당시 일본철도건설공단은 조에쓰 신칸센 같은 국가가 건설하는 철도뿐 아니라 지방자치단체나 일부 사철의 위탁도 받아 철도를 건설하는, 철도건설을 총괄하는 전문 공기업이었다. 당연히 일본 정부가 추진하는 해외 철도 건설에도 참여하고 있었다. 우리나라로서도 충분히 참고할 모델이었다.

당시 우리나라는 철도 건설의 오랜 역사와 전문성 있는 인력이 있는 철도청이 있음에도 서울과 부산에서 지하철을 건설할 경우 한두 명의 철도청 과장급 간부들만 충원하고는 별도의 조직을 만들어 지하철이나 철도에 전혀 경험이 없는 시청 직원들로 지하철 건설을 하고 운영을 하는, 어떻게 보면 전근대적 수준의 행정을 하던 시기였기에 일본철도건설공단은 필자에게는 상당히 바람직한 모델로 인식되었었다.

이러던 차에 1989년 12월 고속전철 건설과 관련한 철도청의 대응 태세에 대한 조치와 해결 대안을 마련해야만 하는 상황에 부딪히게 된 것이다.

당연히 첫 번째 대안은 철도청에 다시 한번 주의를 촉구하여 고속전철건설에 관한 전담 조직의 구성을 철도청이 심기일전하여 하도록 하는 것이었다. 그러나 당시 청와대나 교통부의 장관, 차관을 비롯한 간부들 모두 이 방안은 지극히 회의적으로 받아들여졌고, 차선책으로 제시된 고속전철건설공단 설립 대안을 추진토록 하란 것이 암묵적인 분위기였다. 그래서 그동안 실무적으로 철도공사법안을 만들면서 여러 대안을 검토하며 작성했던 고속전철건설공단법 초안을 급히 다듬어 보완하기 시작하였다.

이 과정에서 조직의 형태를 공사와 공단, 고속전철 건설 전담 조직과 모든 철도 건설 전담 조직의 네 가지 조합을 검토했다. 그러나 향후 철도 공사화 시 철도공사에 모든 것을 이관시킨다는 정책적인 전제하에 고속전철 건설만 전담하는 공단 체제로 결론지었다. 결국 철도공사법이 국회에 제출된 상황에서 고속전철건설공단법도 태동하게 된 배경이다.

이 대목에서 한 가지 밝힐 것은 철도공사법, 고속전철건설공단법, 비슷한 시기에 만들었던 부산교통공단법과 이후 제정되었던 고속전철건설촉진법안은 모두 당시 필자와 함께 일하던 김영우 행정주사(이후 부동산학 박사학위까지 취득)와 둘이 토의하면서 법의 골격을 만들었다는 사실이다. 그리고 세부 조문을 작성하는 일은 모두 법학을 전공했던 당시 김영우 행정주사의 노력으로 이루어졌던 것이다.

조직의 형태를 '공사'가 아닌 '공단'으로 한 이유

조직의 형태를 구상할 때 공사 형태가 아닌 공단 형태를 택한 이유는 간단하다. 고속전철 건설사업에 대한 정부 지원을 최대한 많이 확보하기 위해서였다. 쉽게 설명하자면 공사의 경우 사업을 영위하여 그 수익으로 모든 비용을 지출하는 구조이나 공단의 경우 국가사업을 위임받아 처리하는 구조라고 성격을 구분할 수 있다.

그렇기 때문에 건설 후 운영 과정의 수입과 정부 지원 예산으로 건설해야 하는 공사 형태보다는 고속전철 건설 업무는 기본적으로 정부 기능이다. 이를 공단에 위탁하여 건설하도록 하면 공단이 일부 차입을 하더라도 기본적으로는 정부가 보전해 줄 수밖에 없는 구조가 유리하다는 판단에서 공단 형태로 설립을 추진하게 되었다.

공단의 건설 대상 철도를 일본과 같이 모든 철도를 대상으로 하는 방안도 검토는 하였으나, 그럴 경우 고속전철 건설에 전념할 수 없다. 뿐만 아니라 부족한 예산이나 인력의 분산으로 고속전철 건설이란 본연의 목적을 달성하기 어려울 수도 있겠다는 판단에서였다.

이런 취지에 대해서는 다행히 예산을 담당하는 경제기획원과 조직 및 인력을 담당하는 총무처도 까다롭게 검토하면서도 원칙적으로 동의해 주었고 이후 국회의 입법 과정에서도 어려웠지만, 최종적으로는 동의를 얻어낼 수 있었다.

‘한국고속철도건설공단’의 태동

이런 과정을 거쳐 당시 교통부는 청와대 경제비서실과 공감대를 형성한 후 1990년 2월 20일 교통부의 대통령 업무보고 시 노태우 대통령에게 고속전철 건설 업무를 전담할 (가칭)‘한국고속전철공단’ 설치에 대하여 보고했다. 대통령은 이에 대해 공식적으로 “첨단기술이 필요한 고속전철, 신공항 건설 등의 사업을 차질 없이 추진하고 신기술의 이전을 위하여 국내외 관련 전문가를 망라한 ‘고속전철건설공단’ 등과 같은 전담 기구를 설치하는 방안을 검토할 것”이란 지시를 하였다.

이를 근거로 이후 고속전철 건설은 ‘한국고속철도건설공단’, 수도권 신공항 건설은 ‘수도권신공항건설공단’을 설립하여 양대 국책사업을 추진하게 된다.

그러나 이런 상황 속에서도 철도청은 공단 설치보다는 철도청 소속 기구로 고속전철건설본부를 설치하면 충분하다는 취지의 주장만 사실상 되풀이하며 1990년 3월 6일, 당초 1989년 10월 27일 총무처에 제시한 1,006명 규모의 고속전철건설본부 직제안을 560명으로 축소한 수정안을 총무처에 제출한다.

그러나 이때는 이미 정부 내에서 고속전철 건설은 철도청이 아닌 별도의 기구를 설립하여 추진할 수밖에 없다는 공감대가 형성되어 있었다. 때문에 철도청의 고속전철건설본부 직제안은 사실상 검토도 하지 않은 상태로 두게 된다.

당시 이 문제가 방침은 결정되었으나 별다른 진척 없이 상당 기간 지났다. 그렇게 된 배경에는 당시 정치적으로는 3당 합당으로 인한 여러 가지 정무 상황의 복잡성이 있었다. 더불어 김창근 교통부 장관의 건강상 문제로 1990년 3월 18일 사임하고 후임으로 김창식 장관이 임명되는 과정까지 겹쳤기 때문이다.

또한 이런 과정에서 당시 철도청 수뇌부가 '공단은 정부 조직이 아니기 때문에 고속전철과 같이 중요한 사업의 추진에는 관계 정부 기관과의 협의가 중요하다. 그런데 여러 기관 간 협의에 한계가 있으며, 철도 전문 인력은 철도청밖에 없는데 공단이 설립되면 철도 전문 인력의 보강이 불가능하다'라는 논리를 제시하며 반대 기류를 계속 가져갔던 것도 큰 원인이었다.

이런 여러 가지 사정 때문에 고속전철 관련 업무는 이 무렵약간의 소강상태에서 실무적인 절차들만 진행되게 된다. 그나마 다행스러운 것은 상층부의 의사와는 관계없이 당시 철도청의 실무 작업단의 구성원들이나 교통개발연구원의 연구진들이 어려운 여건하에서도 최선을 다해 기술조사 용역을 성실하게 수행하고 있어서 노선 결정이나 기술 방식 선정을 위한 기초 작업은 비교적 차질 없이 진행될 수 있었다는 점이다.

1990년 3월 18일 김창근 장관이 퇴임하고 3월 19일 김창식 장관이 새로 부임하여 업무를 파악하자마자 고속전철 노선 선정과 같은 주요 현안은 차질 없이 추진했다. 하지만 철도청이 내심 반대하는 고속전철건설공단의 설치 문제는 법을 제정하여 국회를 통과해야 하는 절차를 거쳐야 하므로 당시 고속전철을 반대하는 야당이나 언론의 동향 등을 고려하여 조금 톤다운해서 추진하자는 분위기도 있었다.

그래서 실무적으로는 철도청에 이미 설치된 고속전철 실무 작업단을 확대 개편하여 '고속전철사업기획단'으로 정부조직법 테두리 내에서 대통령령으로 설치하되 철도청의 기존 조직과는 다른 개방형의 조직으로 운영하는 구상을 제시하여 신임 김창식 장관 체제 아래서 1990년 12월 발족시키고, 이 기획단을 사실 상 철도청에서 독립시켜 운영하다가 1년 뒤인 1991년 12월 정기국회 때 「한국고속철도건설공단법」을 통과시키고 1992년 3월 9일 정식으로 한국고속철도건설공단을 발족시켜 이 공단이 우리나라 고속철도의 1단계 개통까지 건설하게 된다.

1990년부터 1992년까지의 과정도 순탄치는 않았는데 다음 장에서 이어서 기술한다.

한국고속철도,
KTX 탄생의
역사적 여정

대망의
착공까지

1990년
교통부에 주어진 과제

김창식 장관의 부임
(1990년 3월 19일~1990년 12월 27일)

대범하고 호방했던 정치인 출신 김창근 장관이 떠나고 전혀 의외의 김창식 장관이 부임하였다. 김창식 장관은 당시 교통부 장관으로서는 사실상 의외의 인물이었다. 공직 생활의 대부분을 총무처에서 지냈기 때문이다.

시대적 격변기였던 전두환 대통령 정권 출범 초기 대통령 비서실 제2정무수석비서관에 임명되었고 1982년 1월부터 1984년 10월까지는 전라남도지사를 역임하며 광주민주화운동

이후 어려운 지역 행정을 안정적으로 이끌어 왔다는 평가를 받았다. 그리고 교통부 장관 부임 전에는 평화통일정책자문회의 사무총장을 역임했다. 정치적 배경과는 전혀 상관없는 전형적인 대쪽 같은 선비의 모습을 보는 듯했다. 장관 시절에도 누구에게나 존댓말을 쓰는 품격을 지키면서도 어렵고 힘든 일은 원칙에 따라 처리해 나가는 외유내강의 전형적인 모습을 보여주었다.

전임 김창근 장관이 고속전철, 신공항 같은 업무를 직접 진두지휘하며 전문가도 직접 만나고 청와대에도 수시로 연락하며 강하게 드라이브를 걸었다면, 김창식 장관은 본인의 의견보다는 간부들의 의견을 먼저 물어보고 보고를 경청해 가며 가급적 그동안 정해진 방침을 따라가는 스타일이어서 상대적으로 교통부 간부들은 김창근 장관 때보다는 훨씬 편하게 장관을 대할 수 있었다. 그러면서도 원칙이나 기준에 관한 문제에 부닥칠 때면 김창식 장관은 단호하게 대응하는, 강단 있는 모습을 보였기에 전혀 다른 스타일의 두 장관이었지만 고속전철과 신공항 사업도 차질 없이 추진될 수 있었다.

지금 생각하면 불같은 성격의 정치인 출신 김창근 장관과 온화하면서도 외유내강형인 공무원 출신 김창식 장관이 연이어 부임했던 것은 당시 교통부로서나 우리나라 발전의 중요한 고속전철과 신공항 사업으로서는 하늘이 도와준 운명적 과정이었다고 생각하고 싶을 정도이다.

전임 김창근 장관 시절은 돌이켜보면 질풍노도의 시기였

다. 사실 김창근 장관 부임 전까지만 해도 고속전철과 신국제공항 건설은 교통부의 염원으로 명맥을 이어가고는 있었으나 본격적인 추진은 엄두도 낼 수 없었던 것이 현실이었다.

그러다가 본인도 부정적 인식을 가졌었던 김창근 장관의 부임 이후 급물살을 타며 기정사실화하기 시작하여 최소한 형식적으로는 범정부적인 추진 체제와 합의를 이루게 되었다. 그러나 우리나라 사회 전반적으로는 부정적인 기류가 월등히 강했다. 그렇기 때문에 본격 추진을 위해서는 전인미답의 여러 가지 과제를 하나하나 결정하고 해결해 나가야 하는 험난한 과정이 여전히 남아 있었다.

첫 번째 과제는 국민들이나 언론, 정치권의 가장 큰 관심을 끈 어느 지역이 수혜 대상이 되느냐, 즉 통과 노선 문제였다. 고속전철 건설은 반대하더라도 노선 선정에는 초미의 관심을 가지는 아이러니한 현상이 벌어지곤 했다.

두 번째는 차량 기술 방식의 선정, 즉 독일, 일본, 프랑스 중 어느 나라의 차량 기술을 도입할 것이냐의 문제였다. 당시 세계 최첨단의 기술로 여겨지는 고속전철 차량 기술 방식을 어느 나라 방식으로 선정하느냐는 단순한 기술 방식에 국한되는 문제가 아니고 뜨거운 외교전이 배후에 깔려 있을 뿐만 아니라, 자칫 국제 로비 의혹에도 휩싸일 수 있을 정도로 민감한 문제이기도 했기 때문이다. 실제 고속전철 차량 기술 방식 선정을 담당하던 라인의 사람들은 과하다고 할 정도로 모든 절차나 제도를 엄격하고 공정하게 진행하였다. 그러나 전혀 예상치도 못했던 업무와 관련도 없는 사람들끼리 로비를 하고, 로비를 받은 해프닝이 나중에 검찰 조사를 통해 밝혀지기도 했다.

세 번째는 지금도 그렇지만 이러한 국토, 지역 개발에 직접적 영향을 주는 대규모 SOC 사업 추진에 필히 뒤따르는, 특히 당시는 현재보다 더욱 심했던 부동산 투기 문제를 어떻게 차단할 수 있느냐의 문제였다.

마지막으로는 당시도 여전히 지배적이었던 우리 사회의 반대 기류를 어떻게 설득하고 우호적인 분위기로 만드느냐의 대국민 홍보 문제였다.

고속전철의 추진만도 벅찬데 이러한 과제들을 치밀하게 대비하여 추진하고 대국민 설득을 하는 과제가 이후 건설 과정 내내 정권이 바뀔 때마다 대두되는 난제였다.

고속전철 노선 선정, 1990년 6월 15일 노태우 대통령 재가

김창식 장관 부임 후 곧바로 1990년 6월 15일 노태우 대통령에게 고속전철 노선 선정에 관한 보고를 하게 된다. 고속전철의 노선에 관하여 체계적으로 검토한 것은 1989년 7월 시행된 철도청 주관으로 교통개발연구원이 중심이 되어 수행한 경부고속전철 기술조사에서였다. 노선 선정에 앞서 관계기관의 협의를 거쳐 중요한 몇 가지 정책적인 전제가 과업 지시서에 제시되었다.

우선 가장 중요한 설계 속도는 서울과 부산을 최단 1시간 30분대에 주파할 수 있도록 시속 350km를 전제로 하였고, 수요와 경제성을 감안하여 열차당 1,100명 수송 능력이 전제되었다. 고속전철은 신선을 건설해야 하므로 기존 경부선 철도와의 역할을 고속전철은 여객 전용, 기존 선은 여객과 화물을 병용하되 당시 급속한 산업화에 따른 화물 물동량이 급증하는 점을 감안하여 컨테이너 수송력을 늘린다는 전제였다.

서울과 부산을 기종점으로 하되 호남선은 천안에서 분기하여 고속전철화하며 중간 역은 경부고속전철의 경우 대전과 대구 2개 역 안과 천안, 대전, 대구, 경주 4개 역으로 하는 두 가지 안을 검토했다. 사실상 서울-천안-대전-대구 간은 큰 변동 요인이 없이 대구-부산 구간을, 밀양을 거쳐 직선으로 가는 A안과 경주와 울산을 거쳐 동남부로 우회하는 B안의 두 가지 대안을 검토했다.

종합적으로 보면 건설비는 B안이 2,000억 원가량 더 소요되지만, 경제성은 B안이 다소 우위에 있는 것으로 제시되었다.

지금도 그렇지만 당시 고속전철의 통과 지역과 정차역은 비등한 반대에도 불구하고 국민적 관심사였기에 경제성이나 기술적 여건만으로 추진하기 어려운 요인이었다. 그래서 김창식 장

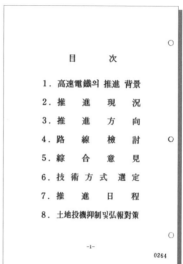

▲ 1990년 3월 29일 경부고속전철 노선 선정 보고자료

관도 부임 이후 청와대 정무2수석을 지낸 경험을 살려 곧바로 노선 선정부터 관계기관 협의를 거쳐 대통령의 결심을 받는 방식으로 추진하였다.

실무적인 준비는 상당 부분 되어 있었기에 경제기획원과 건설부 정도만의 협의를 거친 후 1990년 3월 29일 곧바로 철도청장을 대동하고 대통령 보고를 하였다. 이때는 당시 교통부가 직접 진행하고 있던 동서고속전철 노선 선정 계획도 함께 보고했다.

동서고속전철은 1988년 5월~1989년 5월 타당성 조사를 거쳐 1989년 12월~1990년 12월 기본설계 용역을 진행하고 있었다. 기술 방식은 경부고속전철과 같은 방식을 도입하고, 최고시속 300km를 기준으로 서울-동해안 간을 1시간 30분에 주파하는 것으로 하였다. 이 사업은 당시 경부고속전철만으로도 부담을 느끼는 정부 재정 상황을 감안하여 민간 자본을 최대한 유치한다는 목표로 추진하였었기에 철도청의 관여는 사실상 없었다.

당시 검토한 노선은 서울의 청량리와 강릉을 기종점으로 하여 A안은 청량리-춘천-인제-원통-용암-속초-현북-주문진-강릉, B안은 청량리-춘천-학조-신월-인제-원통-용암-속초-현북-주문진-강릉의 2개 안이었다.

그날 보고된 건설계획은 경부고속전철의 경우 1991년 8월 착공하여 1998년 8월 완공하고, 동서고속전철의 경우는 1992년 8월 착공하여 1998년 8월 경부고속전철과 함께 완공하는 안으로 보고되었다.

이날 보고 당시에는 경부고속전철과 동서고속전철 모두 2개 노선 대안씩 보고는 하였으나 결론은 내지 못했다. 동서고속전철은 아무리 민간 자본을 최대한 유치한다고 하더라도 정부 재정이 상당 부분 소요되는데, 과연 당시 우리 재정 여건으로 두 개의 대규모 사업을 동시에 추진할 수 있는지, 그리고 호남고속전철 구상이 아직 확정되지 않은 상태에서 동서고속전철을 먼저 추진하는 것이 정치적으로나 국토개발 측면에서 추가 고려할 요인이 없는지에 대한 논의가 진지하게 있었다. 그리고 이에 대한 검토를 조금 더 한 후 조속한 시간 안에 의사결정을 하는 것으로 대통령 보고를 마쳤다.

앞서 3월 29일 대통령 보고 이후 최종노선 대안과 호남 및 동서고속전철 추진에 관한 교통부와 철도청, 그리고 관계 부처, 주로 경제기획원의 실무협의가 진지하게 이루어졌고, 이런 내용들은 당시 청와대 비서실과 실시간으로 공유하며 조율을 해나갔다. 그 결과를 토대로 6월 15일 다시 대통령 보고를 하였는데 당시 대통령 보고 때에 장관은 두 가지 노선 대안 중 경주와 울산을 경유하는 B안을 건의하되 노선 선정란은 공란으로 비워서 갔다가 노태우 대통령의 최종 승인이 있은 후 공란에 'B안으로 추

◀ 1990년 6월 15일 경부고속전철 노선 선정안 결재 서류

진'이라고 수기로 적어 넣었다. 그리고 이 보고 전에 관계 부처와 청와대 협의를 거쳐 향후 고속전철 추진에 중요한 의사결정을 하고 이날 대통령께도 최종보고를 하였는데 경부고속전철은 계획대로 추진하되, 호남고속전철과 동서고속전철은 더 이상의 논의는 유보하고 향후 경부고속전철의 경험과 기술을 축적하여 단계적으로 추진한다는 방침을 정했다.

여러 가지 견해가 있을 수 있지만 당시 경부고속전철의 노선을 경주와 울산으로 경유하게 한 점이나 호남, 동서고속전철을 유보한 점은 당시 여건으로는 최선을 다한 합리적 의사결정이었다고 생각된다.

이때부터 호남과 동서고속전철에 관한 논의는 사실상 유보되고 경부고속전철 중심으로 고속전철 계획은 진행되는데, 나름 국가 재정 여건이나 경제 사회적 여건을 고려한 합리적 의사결정이었음에도 불구하고 국토의 균형발전이란 측면이나 호남과 영동지역의 정치적 민심을 이유로 한 고속전철에 대한 반대 여론은 한편 더 강하게 제기된 동기가 되었던 측면도 분명 있었다.

특히 이즈음을 계기로 당시 야당 측은 줄곧 경부고속전철과 신국제공항 사업에 대해 반대 입장을 견지하다 김대중 대통령 집권 초기 연도에 1992년 6월 착공된 경부고속전철과 인천국제공항 사업을 10여 개월 동안 백지상태에서 재검토했다. 이후 경부고속철도와 호남고속철도를 동시에 추진하되 단계별로 추진하는 대원칙을 결정함으로써 우리나라 고속철도 건설 필요성 논란을 상당 부분 걷어내고 오히려 한 걸음 더 앞으로 내딛는 계기를 마련하게 된다.

1990년 6월 15일 대통령 보고 시 바퀴식 고속전철 방식 도입을 명시

이 보고 시 고속전철 방식은 '레일 접착식(바퀴식)'으로 명시하여 의사결정을 하게 된다. 아울러 차량 동력방식은 교류 25kV, 선로의 최소곡선반경 7,000m, 최급구배 25%, 급전 방식은 AC25kV 단권변압기(AT) 방식, 전차선은 고장력 Simple Catenary, 통신은 광케이블, 신호는 양방향 신호체계의 컴퓨터 제어 시스템이라는 기술 사항에 관한 기준까지 보고함으로써 향후 기술 방식 도입에 관한 큰 기준까지 정하는 의미를 부여하게 된다.

차량 기술 방식의 선정은 고속전철 차량을 자체적으로 생산해서 운영하고 있는 프랑스, 일본, 독일 3국의 차량 중 어느 나라의 것을, 어떤 방식으로 결정할 것이냐의 문제이다. 당시 스페인과 대만이 각기 프랑스 TGV와 일본 신칸센 방식의 차량을 도입한 이후 최대 규모의 계약이므로 이들 3개국이 열띤 관심을 보이고 있었다. 하지만 그에 못지않게 국내에서도 관심과 논란이

뜨거웠기 때문에 이 문제도 고속전철 추진의 상당한 과제였다.

특히 이 무렵부터 고속전철을 반대하는 여론이 비등하게 시작했는데 외국 기종의 선택 고려에 대해 '순수 우리 기술로 개발해야지 왜 외국 기술을 도입하느냐?' 'Slow life 시대에 무슨 고속전철이냐?' '자동차 시대에 무슨 시대에 뒤떨어진 고속전철이냐?' '수요가 턱없이 부족할 텐데 수요 추정이 너무 부풀려졌다'는 등의 각종 반대 여론이 언론은 물론 소위 전문가와 시민단체 등의 각종 토론회와 집회의 단골 메뉴가 되다시피 하였다. 그중에서도 소위 전문가라는 일부 인사들이 들고 나온 자기부상열차(MAGLEV) 방식으로 해야 한다는 논리는 건설 착공 이후까지도 집요했다. 당시 홍보나 행정 역량의 상당 부분을 자기부상열차 주장에 대응하기 위해 쓸 수밖에 없었다. 결국 국회에서까지 국정감사나 국회 회기 중 자기부상열차 주장을 하는 횟수도 점차 늘어났다.

그러나 당시 자기부상열차를 주장하는 소위 전문가란 인사들의 주장은 정말 어처구니없게도 기술적·경제적 당위성이나 운영 실적에 대한 전문적인 자료에 근거하기보다는 '바퀴식 고속전철은 구식이고 미래는 자기부상열차'라는 그야말로 막무가내식 주장뿐이었으나, 워낙 교통학계의 원로라는 인사들이 주장하였기에 이 논리는 희한하게도 우리 사회에 잘 먹혀들었다. 그러나 냉정한 판단 아래 자기부상열차는 미래 연구 대상 과제는 될 수 있을지언정 향후 100년을 내다보고 건설하는 당시 우리나라 고속전철 기술 방식의 대상은 아니라는 점을 분명히 하고, 바퀴식 고속전철 차량 기술 방식을 택했었다는 점에서 우선 큰 의미를 두어야 한다고 지금도 생각한다.

차량 기술 방식을 선정함에 있어 가장 큰 이슈는 고속전철 차량이라는 것이 자동차나 비행기, 선박과 달리 철도는 노반 시설이나 전력 공급 계통, 신호통신 등의 시스템과 맞물려 운행되는 종합적인 시스템 측면에서 볼 수밖에 없다. 그러므로 자동차나 항공기, 선박과는 상당히 다른 고려가 필요했기 때문에 그 범위를 어디까지로 보느냐의 문제였다.

이 부분에서는 우리 정부의 입장은 초기부터 분명하게 정해져 있었다. 1960년대부터 기술 입국, 기술 자립이란 원칙들이 우리 정부 내에 광범위하게 공유되어 있었기 때문이다. 다만 현실적으로 우리가 어느 부분까지 해외 기술을 받아들이면 우리에게 가장 유리할지 짚어볼 필요는 있었다. 그래서 철도청, 건설업계, 연구기관, 특히 철도 차량 제작업체의 전문가들을 대상으로 광범위한 의견들을 들었는데, 거의 공통적으로 차량과 신호통신 등의 핵심 기술만 도입할 수 있으면 나머지는 충분히 국내 기술로도 가능하다는 의견들이었다. 이는 정부의 정책 기조와도 일치하는 부분이어서 어렵지 않게 대원칙으로 세울 수 있었다.

일부 전문가들은 토목 등의 부분도 외국 기술 도입이 불가피하다는 견해가 있었지만 건설 기준 등을 참고할 수 있으면 해외 공사를 많이 해본 우리 건설 업체 수준으로 충분히 가능하다는 업계의 의견들을 수용했다. 결과적으로도 옳은 판단이었다. 고속전철이 어느 정도 안정화된 이후 여러 언론들이 거꾸로 성공 요인을 분석하는 기사를 실었는데 고속전철 건설사업 과정에서 나름의 역할을 담당했던 어떤 분이 당시 고속전철 성공신화라는 어느 언론과의 인터뷰에서 당시 Core System만 도입하는 자기주장에 반대가 심해 결사적으로 싸워 원칙을 관철시켰다는 내용의 기사는 다소 비약이 심한 주장이다. 정부의 대원칙은 일찍부터 공감대가 충분히 이루어져 있었고, '결사 항쟁'의 주장을 한 사람은 초기 정책 결정 과정에서 실무적 의견을 낼 수 있었지만 정부의 큰 정책 방향은 이미 최대한 국산화한다는 데 전혀 이견이 없었기 때문이다.

그 대원칙은 다음과 같다.

첫째, 핵심기술(Core System), 즉 차량, 자동열차제어(ATC) 시스템, 전차선 부분만 외국 기술을 도입한다.
둘째, 이러한 핵심기술 이외의 기타 부분, 즉 역무 자동화, CTC, 보선 장비, 차량 기지설비 등은 국내의 경쟁을 통해 도입한다.
셋째, 토목, 건축 등 국내 기술로 가능한 분야는 차량 등 핵심 기술을 제공하는 측의 기술 참고 자료만 받아 우리 기술로 진행한다.

이 중 가장 핵심적인 차량 분야도 우리나라에서 공급 가능한 부품은 최대한 국산화하고, 초기 제작 부분 일정량은 해외에서 제작하되 상당 부분의 제작은 국내 차량 제작사에서 기술 이전을 통해 제작하도록 한다는 원칙이었다. 이는 우리나라 고속전철의 건설 운영 과정에서 그 성과가 입증된 아주 탁월한 원칙의 설정이었다고 본다.

자동열차제어장치(ATC)와 전차선로가 Core System에 포함된 이유로는 ATC는 차량에 직접 부착되는 설비로서 열차 운전의 자동제어 기능을 갖는 필수적인 안전설비이기 때문이다. 그리고 전차선로는 차량에 부착된 전기 공급 설비인 팬터그래프와 상호 기술적인 일치성을 가지고 열차의 특성과 속도에 맞도록 개발되어야 하는 설비이기 때문이다.

이 당시 대통령 보고나 관계 부처와의 협의 시 제시된 기술 선정과 관련한 제의서 내용은 상당히 구체적이고 포괄적이어서 이후 고속전철 차량을 선정하는 과정에서 거의 완벽할 정도로 잘 유지된 기준이었다.

우선 일반적인 조건으로는 제의하는 고속전철 차량 기술 보유 국가가 반드시 우리 정부가 지정하는 한국 업체와 컨소시엄을 형성하여야 하며, 특허와 지적재산권도 제의자 책임하에 우리나라 업체와 제3국에의 판매권도 보장토록 하였었다.

속도나 열차당 수송 능력은 시속 300km 수준, 1,000명 내의 수송이 가능한 당시로서는 최첨단의 사양이어야 했다. 그리고 주어진 선로 조건에서 에너지 소모량도 기존 차량과 달리 최소 수준이어야 한다는 조건이 제시되었다.

이러한 기술 조건에 덧붙여 금융의 공급 방법과 규모, 금리와 수수료, 상환기간과 방법은 물론 Core System의 가격 및 부품 가격과 운용 및 유지보수 과정에서의 비용도 제의받아 검토하겠다는 내용이 포함되어 있었다.

● **부동산 투기 방지책의 시행,**
1990년 2월 20일 교통부 장관 업무보고 시 대통령 지시 사항

1980년대 후반은 우리나라가 범정부적으로 부동산 투기와의 전면전을 벌이고 있던 시기였다. 부족한 주택 공급 문제를 위하여 분당, 일산, 중동, 평촌, 산본의 소위 1기 신도시 건설을 추진할 때였다. 그리고 전 사회적으로도 고도 성장기에 생긴 과잉 유효 수요와 개발붐에 따른 토지 투기 문제는 우리 경제에 심각한 부작용을 초래하고 있었던 시기였다. 개발 호재만 있으면 전국이 토지 투기 현장이 되었다. 더욱이 고속전철의 통과 노선이나 역세권은 대형 토지 투기가 일어나기 쉬운 것은 불문가지였다.

그러했기에 1990년 2월 20일 교통부의 업무보고 시 고속전철 구상이 보고되자 당시 청와대는 당연히 토지 투기에 관한 우려를 표명하였다. 당시 대통령에 대한 업무보고가 있는 경우 주요 현안에 대해서는 청와대 비서실을 중심으로 관계 부처와 실무협의를 진행했다. 토지 투기 우려가 당연히 제시되었고, 실무적으로도 논의를 하여 대통령이 강하게 부동산 투기 대책의 시행을 지시하도록 사전 협의했다.

당시 대통령은 "경부고속전철의 기술 방식이나 노선 선정은 객관적이고 공정하게 추진하라"는 지시와 함께 "고속전철이 통과하는 지역은 광범위하여 전국적으로 부동산 투기를 일으킬 우려가 있으므로 건설부, 국세청 등 관계 부처와 협조하여 철저한 부동산 투기 대책을 사전에 강구할 것"이라는 지시를 하게 된다.

토지 투기 방지 대책의 시행

고속전철 노선을 결정하기 전 1990년 4월 초 고속전철추진 실무위원회에서는 이와 같은 대통령 지시에 따라 토지 투기 억제 대책을 추진하기로 하고, 노선 통과 지역을 특별 관리 대상으로 지정하고 관련된 세무 활동도 강화하기로 하여 실무 검토에 착수하게 된다.

1차적으로는 1990년 4월 28일 건설부 고시 제46호로 경부 및 동서고속전철 노선의 통과 예정 지역에 위치한 정차장 후보 지역(4개 시 6개 군)에 대하여 토지거래 허가구역으로 지정 고시 하였다. 곧이어 1990년 6월 15일에는 건설부 고시 제74호로 경부고속전철 노선 정차장 후보 지역의 영향권역, 즉 정차장을 중심으로 반경 20km 이내 권역, 4개 시 22개 군에 대하여 추가로 토지거래 허가구역으로 지정 고시하였다.

이러한 조치들은 당시로서도 상당히 파격적인 대책이었기에 나름대로 부동산 투기 억제 효과는 상당히 있었다고 평가되고 있다.

📍 **Episode.**

정상현 차관에 대한 고속전철 추진 과정 및 현황에 대한 검토 보고(문제점 중심, 1990년 7월 20일)

장상현 교통부 차관이 1990년 6월 21일 교통부 차관으로 부임한 후 교통부의 여러 업무를 파악해 나가는 과정에서 역시 가장 난제로 생각했던 것이 당연히 고속전철이었다.

부임 2~3주 후 어느 날로 기억한다. "차관께서 찾으신다"라는 애기를 듣고 갔더니 대뜸 "김 사무관, 고속전철이 왜 이리 시끄럽소? 고속전철에 관한 아주 자세한 내용까지 내한테 설명 한번 해주소"라고 하셔서 꼬박 2~3일 걸려서 자료를 만들어 3시간가량 보고를 하고, 묻고 답변하고, 상의했던 기억이 있어 그 자료를 찾기 위해 무척 애를 썼다. 그런데 정부 기록보관소에서 찾을 수 있어 무척 반가웠다. 바로 1990년 7월 20일에 보고한 자료다. 당시의 고심했던 부분이 무엇이었는지 새삼스러웠다.

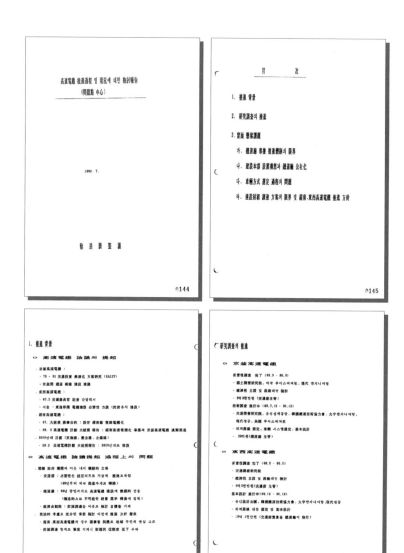

1990년 7월 20일 보고자료

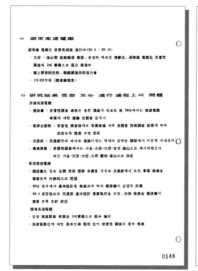

우선 1970년대 후반의 경부 간 교통투자 최적화 방안 연구
결과에서 처음 경부 간 신선 철도의 건설 논의가 시작되었다는
추진 경위부터 논의 제기 과정에서 관계 정부 부처의 미온적 내
지 회의적 입장도 자세하게 설명하였다. 특히 호남과 동서전철
의 경우 선거를 계기로 충분한 사전 검토 없이 추진 방침부터 발
표하여 지역주민의 관심을 고조시킨 건 좋았다. 하지만 재원 조
달의 한계로 앞으로 사업 추진이 지체될 경우 대국민 신뢰도가
떨어질 수 있다는 문제를 말씀드리자 백번 공감하는 입장이었던
것이 인상적이었다.

그리고 당면과제로 첫째는 철도청 전담 추진 체제의 한계,

둘째는 건설본부 설치 구상과 철도청 공사화, 셋째는 차량 방식 선정 과정의 문제, 넷째는 건설 재원 조달 방안의 한계와 관련한 호남, 동서고속전철 추진 방안에 관해 상세하게 설명했다. 그러고 나자 가장 먼저 해결해야 할 일이 뭐라고 생각하느냐고 하여 아무래도 건설 전담 기구를 빨리 발족시키고, 추진력 있는 책임자를 임명하는 일이라고 생각한다고 답변을 드렸더니 공감하면서 장관께도 다시 한번 이 내용을 보고하라고 하여 김창식 장관께도 다시 보고했다.

그리고 하루 이틀 지난 후 다시 차관실로 갔더니 장관과도 상의를 했고 청와대와도 상의했으니 고속전철사업기획단을 빨리 설치하되, 앞으로 고속전철건설공단 이사장까지 맡을 고속전철사업기획단장을 빨리 임명하는 방안을 최우선으로 하자고 명쾌하게 입장 정리했다.

그러면서 "김 사무관, PM이 뭔지 알아요? 고속전철, 신공항에 PM을 도입해 보시오"라고 화두를 던졌다.

이때부터 장상현 차관 스스로는 고속전철 현안의 해결을 조용하면서도 단호하게 끌고 나갔다. 오늘날 고속철도, 신공항을 논하는 어느 누구도 장상현 차관의 공로를 치하하는 사람이 없다. 우리나라 고속전철 착공까지의 가장 드라마틱한 시기에 3년 가까이 정책을 조율하고 시스템을 구축한 장본인임에도 불구하고 무척 아쉬운 부분이다.

고속전철사업기획단과
고속철도건설공단 설립의 산파역,

장상현 차관, 강동석 기획관리실장, 최훈 수송정책국장

고속전철 건설이 정부 정책으로 확정된 데는 김창근, 김창식 두 장관의 역할이 컸다고 본다면 여전히 드세게 움직이던 반대 여론과 어려운 여건을 뚫고 착공이란 거대한 목표까지 이르게 한 데는 1990년 6월 21일 부임한 장상현 교통부 차관과 강동석 기획관리실장, 최훈 수송정책국장의 신중하고 노련한 행정력이 절대적이었다고 평가하고 싶다.

청와대 정무2수석을 지냈던 행정통 김창식 장관에 이어 청와대 경제비서관을 지낸 장상현 차관을 교통부에 보낸 주요 이유 중 하나가 노태우 대통령의 고속전철과 신공항에 대한 의지였다고 읽혀지는 대목이고 이러한 인사는 결국 우리나라 교통 역사상, 국토개발 역사상 가장 주요한 고속전철과 인천공항의 성공을 뒷받침하는 큰 주춧돌이었던 셈이다.

더욱이 교통부 최장수 기획실장으로, 행정의 달인으로 여겨졌던 강동석 기획관리실장의 건의로 1980년대 중후반 우리나라의 당면 현안 과제이던 해운산업 합리화를 해운국장 시절 성공적으로 처리하였던 강한 추진력의 최훈 수송정책국장의 발령이 함께 이루어졌다. 김창식 장관, 장상현 차관, 강동석 기획관리실장, 최훈 수송정책실장의 정책 라인업은 고속전철과 신공항 건설을 추진하는 데 최적의 조합이었다.

이들 네 사람이 함께 논의하던 모습은 상하관계가 아니라 그야말로 친한 친구들이 정담을 나누듯 오손도손, 화기애애하게 이어져 배석했던 실무자로서도 그렇게 편할 수가 없었다.

이런 과정 속에서 고속전철사업기획단을 형식상 철도청에 두되 사실상 공단 설립의 모태로 활용하여 업무 추진의 연속성과 철도청으로부터의 독립성을 갖추게 하자는 실무선에서의 의견이 자연스럽게 받아들여졌다. 그리고 장상현 차관의 제안으로 앞으로 고속철도건설공단(초기 고속전철건설공단이란 명칭을 고속철도건설공단으로 부르자는 합의도 이때 이루어졌음)의 이사장을 시킬 정치적으로도 비중 있는 인사를 물색하여 기획단장으로 임명했다. 아울러 이 기획단장이 업무에 관한 전권을 가지도록 하자는 데 의견을 모았다.

● 김종구 고속전철사업기획단장의 선임

장상현 차관 부임 후 그동안 행정적 시각으로 문제를 풀어보려던 차원에서 벗어나 정무 차원에서 문제를 바라보게 되면서부터 여러 가지 얽힌 실타래를 한순간에 풀어나가게 되었다. 기획단장 후보도 이들 네 사람이 장관실에서 차를 마시며 자연스럽게 의견을 나누며 김종구 당시 건설공제조합 이사장으로 압축했다.

김종구 이사장은 기업인 출신으로 노태우 대통령의 정치 활동을 도왔고, 청와대 경제비서관을 지낸 후 자칫 말썽이 많을 수 있는 건설공제조합 이사장을 맡아 아주 합리적으로 업무를 처리한다는 평가를 받고 있어, 건설업계의 현실 경험과 정무 경험까지 갖춘 절묘한 선택이었다.

1991년 2월 18일 청와대의 협의를 거쳐 차관급에 준하는 정무직으로 김종구 고속전철사업기획단장이 임명되고 기획단이 정식 발족하였다.

사실 기획단 설치에 관한 행정적 조치가 취해지고 당시 철도청장과 동일한 직급의 예우까지 하게 된 기획단장이 내정된 사실까지 철도청에 충분한 시간을 두고 알리고 기획단 사무실의 확보 등에 관한 준비를 하도록 하였지만, 막상 철도청은 전혀 아무 준비도 하지 않았다.

당시 교통부 장·차관은 철도청의 안하무인격의 행태에 극도로 불쾌했으나 장관, 차관 모두 바깥으로는 표출하지 않고 적절한 방법을 통해 강력한 경고를 하였다. 그리고 뒤늦게 기획단장 사무실을 마련하는 해프닝까지 있었다.

이러한 우여곡절 끝에 부임한 김종구 단장 역시 노련하고 당찬 처신으로 당시 철도청 관계자의 신뢰부터 얻어가며 하나하나 준비 작업을 진행해 나갔다.

당시 반대가 심했던 야당과 언론도 김 단장이 직접 설득해

가면서 공단 설립 작업도 막후에서 크게 도왔었다.

한국고속철도건설공단의 설립(1992년 3월 9일)

고속전철사업기획단이 1991년 2월 18일 발족한 이래 1991년 정기국회에서 한국고속철도건설공단법이 통과되고, 1992년 3월 9일 형식적으로는 그동안 철도청이 하던 고속전철 건설 관련 업무를 공단이 이어받아 추진하게 된다.

이때까지는 고속전철이란 명칭을 써왔으나 공단법의 제정 과정에서 고속전철보다는 고속철도로 부르는 것이 자연스럽다는 의견들이 많아 공단법의 제정을 계기로 고속전철이란 단어를 고속철도로 바꾸어 사용하는 계기가 된다.

초대 이사장은 김종구 기획단장이, 부이사장에는 김정옥 철도청 차장이, 건설본부장에는 철도청에서 고속철도업무에 수년간 전념해 오던 신종서 국장이 임명되고 공단의 각급 임직원에는 철도청 직원만이 아니라 여러 정부 부처와 금융기관, 연구소, 민간기업 등에서 골고루 충원이 된다.

그러나 1991년 2월 고속전철사업기획단이 자리 잡기까지는 크고 작은 여러 가지 어려움도 많았다. 하지만 김종구 단장이 소신껏 바람막이가 되면서 정치권과 청와대와 소통을 원활히 할 수 있어 차량 기술 방식의 선정이나 실질적인 착공 준비 과정을 비교적 무난하게 끌고 갈 수 있었다.

그 덕분에 교통부는 당시 국회나 언론 등에서 제기하는 고속 전철과 공단 설립에 대한 반대 여론을 설득하고 홍보해 나가는 일에 집중할 수 있어서 1991년 정기국회에서 한국고속철도건설공단법(1991년 12월 27일 제정, 법률 4456조)을 무사히 제정할 수 있었고 이듬해 1992년 3월 9일 공단을 발족시킬 수 있었다.

이 공단은 고속철도의 건설과 역세권 개발 사업 등을 시행하는 것이 주 임무였으며 건설한 고속철도와 고속철도의 역세권 및 연변의 개발과 관련하여 취득한 권리와 재산, 관련된 모든 채무 등의 의무는 사업이 종료되는 대로 철도청이 포괄적으로 인수하도록 공단법에 규정하였다.

초기 출범 시 공단은 7본부, 10실, 10국의 조직으로 총 379명의 인원으로 발족하였다. 공단의 초대 이사장에는 당연히 김종구 고속전철기획단장이 임명되었다.

이후부터 고속철도에 관한 제반 업무는 공단을 중심으로 자리 잡아 가게 된다.

사업 관리(Project Management: PM) 시스템 도입의 계기

고속철도 사업과 신공항 사업에 사업 관리 시스템을 도입한 계기는 전적으로 장상현 차관 때문이다.

1990년 9월 사무관에서 서기관으로 승진한 지 며칠 지나지 않아 차관의 부름을 받고 갔더니 늘 하시던 대로 앞뒤 설명 없이 "김 과장, PM이 뭔지 알아요?"라는 느닷없는 질문에 "Project Management 말입니까?" PM이 Project Management란 건 알았지만 사실 구체적으로 뭘 의미하는 건진 제대로 몰랐었다.

"그동안 철도청에서 하는 거 보니까 저렇게 놔두면 배가 산으로 갈지도 모르니까 PM을 붙여야 할 것 같은데…. 내가 KOPEC 소개해 줄게, 사람들 좀 만나 보시오"라고 하셨다.

원자력 발전기술개발과 발전소 건설 업무를 관장하던 상공부에서 이미 경험하였기에 PM의 중요성을 익히 알고 계셨던 탓이다. 사업은 다르지만 기술 방식 선정과 관련한 국제 입찰 절차나 설계, 건설 과정 등이 원자력 발전과 고속철도 간에 유사성이 있어 이미 PM이 안정적으로 활용되고 있던 원자력 발전 분야를 벤치마킹해서 고속철도 사업 추진에도 PM을 도입하자는 취지였다. 원자력 발전 분야는 당시 KOPEC(한국전력기술)이 PM을 담당하고 있어 많은 전문 인력이 있었다.

장상현 차관의 소개로 상공부, KOPEC을 차례로 방문하여 고속철도 사업과 인천국제공항 사업에 PM System 도입을 도와줄 것을 부탁하였다. 장상현 차관과 상공부의 영향도 있었고, 한편 KOPEC에서도 고속철도와 인천국제공항이라는 국가적 과업에 적극 참여하고자 할 충분한 동기가 있어 당시 KOPEC에서는 양대 사업에서 PM을 담당할 실무 Task Force까지 만들어 적극적으로 참여하겠다는 입장이었다.

이렇게 고속철도 사업에 PM System 도입의 단초를 마련하자 고속철도 차량이나 건설 경험이 없지만, PM 분야에서 세계 최고의 경험과 실적을 가지고 있는 미국의 Bechtel이 기민하게 정보를 파악했다. 그리고 Bechtel사 이사, 회장을 지낸 조지 슐츠 전 국무장관을 한국에 보내 노태우 대통령을 면담하고 Bechtel의 한국고속철도사업 PM 분야에 참여할 의향을 표하기까지 하였다.

고속철도건설공단이 발족한 이후인 1992년 5~6월간 고속철도에 관한 PM 시행 방안을 교통부 장관과 대통령에게까지 보고를 한 이후 Bechtel을 포함한 7개 외국 전문업체에 참여제의서가 발송되고, 평가 절차를 거쳐 1993년 3월부터 Bechtel을 중심으로 한 PM 활동이 시작된다. 이 과정에서 KOPEC의 전문가들이 많은 역할을 했었다.

아쉬운 점은 이 당시 Bechtel이 고속철도 사업에, Parsons가 인천공항 사업에서 PM을 맡아 양대 사업의 성공적 추진에 많은 기여를 하고 더불어 국내 기업도 나름 경험을 축적했지만,

아직까지 우리나라에서는 일부를 제외하고는 여전히 PM이 생소한 분야로 남아 있다는 점이다. 하루빨리 PM에 대한 인식과 시스템을 정비해 나가야 할 것이다.

Episode, KTX와의 숙명

1989년과 1990년은 우리나라 고속철도 역사에서 여러 가지 의미 있는 일들도 많았지만, 이런저런 문제들로 어려움도 참으로 많은 시기였다.

4년여 동안 고속철도 문제로 그야말로 불철주야 업무에 매달리다 보니 소위 번아웃(Burn out) 상태였던 것 같다. 이 무렵 9년 반 동안의 사무관 생활을 끝내고 서기관 승진의 기회가 찾아왔다.

사실 김창근 장관께서 이임식 직후 필자에게 서기관 승진을 못 시켜주고 떠나시는 아쉬움을 말씀하셨지만, 김 장관 이임 9개월 후 필자는 사무관 생활 9년 반 만에 서기관으로 승진하게 된다.

당시는 서기관으로 승진하면 곧 과장 보직을 받았던 때라 서기관 승진 대상에 포함되었다는 소식을 듣는 순간, 내심 이제 한가한 쪽으로 발령받아 조금 여유를 찾을 수 있겠다는 생각을 하고 있었다. 당시 교통부에서 수송조정과는 교통 정책을 총괄

하는 기능을 하는 곳이라 관례상 수송조정과장은 연륜이 있는 사람이 맡아 부이사관으로 승진하면서 국장 보직을 받아 나가는 자리였다.

그런데 승진 발령을 받기 전날 장상현 차관께서 느닷없이 "김 사무관, 수고스럽지만 수송조정과에서 계속 근무 좀 해주소"라고 해서서 순간적으로 '이번 승진 기회는 양보하라는 말씀인가?'라는 생각이 들어 당혹스러웠다. 하지만 "알겠습니다. 윗분들 뜻을 따르겠습니다"라고 대답하니까 "이제 정기국회도 다가오고 고속철도 사업은 현안이 많은데 김 사무관이 승진해서 다른 데로 가면 안 되니까 수송조정과장을 맡도록 하자고 장관께도 승낙을 받았으니 그냥 그 방에서 수송조정과장을 하소"라고 말씀하셔서 또 한 번 당황했다. 어쨌든 편한 공무원 생활을 할 팔자는 아니라고 생각하고, 또 한편으로는 고속철도가 내 인생의 숙명인가 보다 하고 받아들일 수밖에 없었다. 그런데 사람의 일은 알 수가 없는 것이 이후 철도청장 발령을 받아 2004년 4월 1일 KTX 개통까지 맡게 된 걸 보면 사람에겐 주어진 운명이라는 게 분명 있는 것 같다.

착공의 마지막 관문, 반대 여론

02

2004년 개통 때까지
줄기차게 비등했던 반대 여론

고속철도와 인천공항 건설 사업은 사실 누구도 가보지 않았던 전인미답의 길이었기에 인내의 한계를 넘어서는 힘든 과정일 수밖에 없었다. 그러나 고속철도와 인천공항 건설 사업을 담당하던 모든 이들을 가장 힘들게 했던 것은 정치권, 언론, 시민단체, 전문가 집단의 대다수가 찬성보다는 반대편에 서서 비난했던 점일 것이다.

어느 나라에서나 대규모 국책사업의 경우 시시비비를 따지고, 때로는 근거 없는 여론이 조성되기도 하지만 우리나라의 고속철도와 인천공항의 경우만큼 심했던 사례는 없었던 것 같다.

베를린(Berlin)의 브란덴부르크(Brandenburg) 공항 같은 경우 1991년 착공하여 2012년 6월 개항 예정이었으나, 온갖 설계 및 시공 부실로 2020년 10월에야 겨우 개항을 할 수 있었다. 그러다 보니 2017년 11월 24일 영국 더 가디언지가 선정한 쓸모없는 건설 사업인 '하얀 코끼리(White Elephant, 대형 행사를 치르기 위해 건설했지만 행사가 끝난 뒤에는 유지비만 많이 들고 쓸모가 없어 애물단지가 돼 버린 시설물)' 9대 건축물 중 하나에 선정되는 수모를 당했다. 하지만 유심히 그 경과를 지켜봐 온 필자에게는 우리나라 고속철도와 인천공항이 겪은 비난과 질타는 문제투성이였던 베를린 브란덴부르크 공항보다 훨씬 크면 컸지, 절대 못하지 않다고 생각한다.

고속철도 사업은 1989년부터 정부의 정책으로 확정되어 외견상 잘 진행되는 것 같았다. 그러나 1990년, 1991년을 거쳐 반대 여론이 진정되기는커녕, 오히려 더 커져만 갔으니 당시 교통부뿐만이 아니라 청와대의 고심도 커져만 갔다.

가장 큰 반대의 논리는 1992년 12월 예정된 대통령 선거를 앞두고 정치적 목적으로 밀어붙인다는 것이었다. 시작도 노태우 대통령 선거 공약 사업으로 검토되었다. 착공도 대통령 선거를 앞두고 정치적인 동기로, 심지어 '불순한 동기'라고까지 표현한 경우도 있을 정도로 정치권, 특히 당시 야당을 중심으로 지속적인 반대 기류가 강하게 형성되고 있었다.

반대 측 주장의 요지는 경부고속철도의 건설이 굳이 시급한 사안도 아닐뿐더러 준비도 미흡하다는 것이었다. 당시 전 구간에 대한 실시설계도 마무리되지 않았고, 정차역이나 세부적인 역사의 위치도 정해지지 않았으며 통과 도시의 여론은 역사의 지하화 요구가 컸다. 역사의 지상, 지하화의 의사결정도 이루어지지 않은 상태에서 공사를 강행하는 의도가 선거를 의식한 오로지 정치적 목적이라는 것이었다.

이런 분위기는 1990년, 1991년, 1992년의 국회 회기 동안 지속적으로 제기되었고 이후에도 '정권 말기 의혹 사건 조사 백서', '차종 선정 의혹 진상 보고서' 등으로 일종의 의혹, 비리 차원의 문제로까지 제기되었다.

이후 1993년에는 미국 Bechtel의 PM 참여를 두고 경부고속철도, 수도권 신공항 등 대형 국책사업에 미국 특정 업체가 지속적으로 고속철도 차량 선정 과정 등에 개입했다는 의혹으로 제기한 국회의원도 있었을 정도였다.

당시 야당 측은 투자 우선순위에서도 경부고속철도보다는 기존의 고속도로를 증설하거나, 서해안 고속도로의 건설과 서울, 부산의 지하철 확충이 더 시급하다는 논리로 경부고속철도의 건설을 강행하는 것은 대통령의 권한 남용이라는 차원에서 모든 수단을 동원해서 국민과 함께 저지 투쟁을 이어 나가겠다는 반대 입장을 김대중 대통령 취임 초기까지 지속적으로 견지했다.

상황이 이러니 일반 국민들이나 소위 전문가 집단까지도 사실상 부정 일변도의 여론이 압도적 다수였었다. 착공 이후 여론 조사에서도 국민 2명 중 1명이 고속철도 사업의 타당성 자체를 회의적으로 본다고 했다. 뿐만 아니라 지형 조건, 경제성 등 국내 사정을 고려할 때 사업 타당성이 없다는 견해가 거의 50%에 이를 정도였다. 상황이 이러했으니 사업 주무 부처인 교통부와 청와대의 고심은 깊어질 수밖에 없었다.

노련한 행정가
임인택 장관, 노건일 장관

이런 상황에서 당시 정부는 수출 컨테이너의 도로 수송난과 항만 적체 등의 심각한 교통난으로 물류 수송의 차질은 물론 우리 경제의 버팀목인 수출까지 영향을 미치자, 개각을 단행하면서 상공부 임인택 차관을 1990년 12월 27일 교통부 장관으로 임명했다. 당시의 교통난은 크게 두 가지에서 기인한다.

첫째는 1960~1980년대 초까지 고도성장으로 인한 인플레이션으로 물가 상승 압박이 심해지자 전두환 대통령 재임 기간 내내 국정운영의 중점을 물가 안정에 두면서 재정 지출도 최대한 억제하여 경제를 안정화시킨 것까지는 좋았다. 그러나 사회간접자본에 대한 투자를 하지 않은 후유증이 1989년부터 본격적으로 나타난 것이 가장 큰 원인이었다.

둘째는 주택 200만 호 공급을 목표로 분당, 일산의 신도시개발을 급속히 추진하는 과정에서 시멘트, 모래 등 기초 건자재 수급이 폭증하여 도로, 철도, 항만의 교통난과 물류난을 급속히 가중시킨 탓이었다.

이런 배경 때문에 수출입 업무와 산업 육성을 담당하는 상공부 출신을 교통부 장관으로 임명하게 되었다. 결과적으로 교통부는 장관, 차관을 모두 상공부 출신이 차지하게 되어 기존의 교통부 관료들은 상당히 의기소침했었던 것도 사실이었다. 그러나 임인택 장관 역시 당시 장상현 차관과 함께 소탈하면서도 업무 추진력이 있어 빠르게 교통부 업무를 장악해 나가며 국회와 언론에서 비등하는 고속철도와 신공항에 대한 반대 여론에 대응해 나가기 시작했다.

당시 기억에도 임 장관은 내부 일은 장상현 차관과 강동석 기획실장에게 맡기고 국회의원, 언론사 간부들과 거의 매일 만나면서 고속철도와 신공항의 당위성을 설명하고 다니던 모습이 지금도 선하다. 역시 상공부에서 수출입국의 기치를 내걸던 시절 쌓았던 경륜이 여실히 드러났다.

특히 부임 후 1년 뒤인 1991년 정기국회 때는 여야를 막론하고 고속철도 반대 관련 질의나 문제점에 대한 질타가 이어졌다. 그 와중에 고속철도건설공단법을 국회에서 통과시켰고, 이임 직전인 1992년 3월 9일 공단을 발족시켰다.

임인택 장관은 이후 2001년 9월 29일 제10대 건설교통부 장관으로 두 번째 부임하여 이번에는 고속철도 건설 과정에서 또 다른 인연을 맺게 된다.

임인택 장관의 재임 마지막 무렵인 1992년 초에는 고속철도 착공 시기에 관한 논의가 당시 청와대와 정부 내에서 바쁘게 전개되고 있었다. 그해 12월의 대통령 선거와 관련하여 선거 이전에 착공하자는 주장과 정치적 논란을 피하기 위해 다음 정부에서 착공해야 된다는 논리가 팽팽하게 맞서 있었다. 교통부 내의 분위기는 하루라도 빨리 착공해야 한다는 쪽이 더 우세했던 것 같다. 당시의 수송난이나 미래의 우리나라 여건을 생각한다면 당위성이 충분한데 새 정부가 들어서서 판단을 하게 된다면 과연 어떤 결정이 내려질지 누구도 장담할 수 없었기 때문이다. 이 때문에 임인택 장관도 1992년 착공을 주장했었던 기억이 새롭다.

　임인택 장관에 이어 1992년 3월 31일 당시 노건일 청와대 행정수석비서관이 교통부 장관으로 부임해 온다. 노건일 장관의 부임으로 청와대가 정권 말 고속철도와 신공항 건설 사업의 착공 의지가 강하다는 인식을 모두 갖게 됐다. 노건일 장관 역시 부임 후 고속철도와 신공항 건설 사업에 대해 가장 중점을 두고 착공 가능성에 대한 검토와 관계 부처, 청와대 협의에 매진하게 된다.

　내무 관료 출신으로 업무 처리는 아주 치밀하지만 간부들을 대하는 태도는 전형적인 학자 같은 모습이었다. 공직 퇴임 후에도 인하대 총장, 명지대 석좌교수, 한림대 총장을 역임했던 것도 평소 공직 생활 때의 학자 같은 모습과 다르지 않았기 때문이었던 것 같다.

　노건일 장관의 교통부 장관 재임 때인 1992년 6월 20일 경부고속철도는 천안에서 대전까지 57.8km 구간에 대한 역사적인 착공식을 하게 된다.

Episode,
두 번에 걸친 임인택 장관과의 인연

　임인택 장관의 철도에 대한 이해와 애정은 남달랐었다. 임 장관의 취임식은 1992년 12월 27일이었는데, 필자는 취임식 직후 곧바로 장관실로 가 첫 번째 결재를 요청했다. 당시 철도 요금은 정부가 철저히 통제하고 있어 철도 요금의 변경은 국무회의 의결 사항이었는데, 1993년 시행할 철도 요금이 다음날 국무회의 의결을 받아야 하기 때문에 시간이 급해 취임식 이후 바로 결재 요청을 할 수밖에 없었다.

발표되는 요금은 새마을 열차, 무궁화 열차 요금 같은 간단한 내용이지만 철도 요금 체계는 여객, 화물을 모두 합쳐 수십 종류에 이르며 서류만도 30여 장에 가깝다.

숫자에 둔한 필자는 전날부터 시험 준비하듯 복잡한 요금 체계를 읽고, 외우고 하며 준비해서 장관실에 들어갔다.

엄한 첫인상에 날카롭게 첫 한두 장을 살펴보고는 바로 몇 장 뒤를 넘기더니 화물 요금 체계에 대해 질문을 하셨다. 다행히 기억하고 있던 내용이라 바로 답변했더니, 분명 시험조로 다음 질문을 하셨다. 역시 운 좋게 설명했더니 곧바로 사인하시고는 내가 국무회의에서 꼭 설명해야 할 부분만 요약해 달라고 하시더니 "고속철도도 김 과장 소관인가?" 하고 물으셨다. 그때부터 20~30분간 고속철도에 대한 몇 가지 핵심되는 문제를 질문하셨다. 설명하는 내용은 숫자까지 정확히 기억하여 즉시 당신 지식으로 수용해 버리는 순발력을 보여 내심 놀랐다.

그 후에도 고속철도, 수도권 신공항에 대해 설명해 드리면 듣는 대로 바로 소화하여 국회나 언론을 대할 때 추가적인 논리까지 곁들여 활용하시곤 했다.

그러다 김대중 대통령 때 마지막 건설교통부 장관으로 2001년 9월 29일 부임하게 되는데 공교롭게도 또 필자가 처음 결재를 취임식 당일 받게 된다. 취임식 후 장관실로 가자 "김세호 국장은 나하고 인연이 참 깊은가 보네. 지난번 교통부 장관 때도 김 과장이 처음 결재를 왔었는데 이번에도 그러네?" 하며 정확히 기억을 더듬으셨다.

그러나 두 번째 장관으로 재직하는 동안 철도와의 인연은 꼭 좋은 것만은 아니었다. 당시 고속철도 건설공사는 밤낮으로 이어져 철도청이 담당하는 상당수 구간은 열차 운행과 건설 개량 공사가 함께 이루어졌기 때문에 안전사고도 많이 났었다.

2002년 어느 날 새벽엔 호남선 구간에서 심한 안개 속에서 공사를 끝내고 철수하던 인력들을 운행 중인 열차가 확인하지 못해 여러 명이 사망하는 사고가 발생했다. 굳이 장관이 가지 않아도 된다는 의견이 있었음에도 임 장관은 본인이 직접 가보겠다고 하여 무거운 마음으로 현장까지 모시고 갔던 생각이 난다. 철도와 철도에서 일하는 사람들에 대한 무한한 애틋함이 느껴지던 대목이었다.

그리고 김대중 대통령 임기 마지막 장관이었기에 사실상 장관 임기도 대통령 임기와 같았는데, 임기 마지막에 대구 지하철 화재 참사를 겪자 정말 불철주야 노심초사하며 사고 수습에 여념이 없던 모습이 아직 눈에 선하다. 필자 역시 수송정책실장으

로서 사후 수습에 일주일 동안 잠도 못 자고 동분서주하다 급기
야는 총리로부터 대구 현장에서 지휘 체계가 작동하지 않으니
수송정책실장이 현지에서 사고 수습을 지휘해 달라는 요청을 받
고 대구로 급파되어 갔다가, 대구 현지에서 연락을 받고 곧바로
2003년 3월 5일 새로운 정부에서 철도청장 발령을 받고 부랴
부랴 대전의 철도청으로 부임하게 된다. 그때부터 2004년 4월
1일 고속철도 개통을 위해 또다시 밤낮 없는 세월을 보내게 된다.

철도청장 발령을 받고 축하 전화를 주신 임인택 장관의 "김
세호 청장은 고속철도와는 무슨 전생의 인연이 있는 모양이네"
라는 말씀이 지금도 귓전을 울린다.

대통령의 결단,
경부고속철도 착공

03

(1992년 6월 30일)

정권 말 착공을 강행한 배경

당시의 착공은 사실 정치권과 여론의 반대가 만만치 않은 상황에서 이루어졌다. 서울과 부산뿐 아니라 대전과 대구 통과 노선의 지상화 지하화에 대한 결정도 할 수 없었다. 그리고 대부분 구간이 실시설계도 아직 끝나지 않은 상황이었기에 '졸속 착공', '정치적 의도의 착공'이란 비난도 받을 수밖에 없는 상황이었다. 그러나 당시 착공을 결심하게 된 가장 큰 긍정적 동기도 역시 정치적일 수밖에 없지 않았나 하는 생각이 든다. 필요성에 대한 기본적인 검증은 끝났지만 소모적 논쟁만 하다 보면

1993년부터 새로운 정부가 들어서게 될 때 그토록 오랜 시간에 걸쳐 추진 방침을 정했음에도 계속 추진 여부 자체가 불투명했기 때문에 노태우 대통령 임기 마지막 해인 1992년에 착공을 해야 한다는 의지가 강하게 작동했다고 본다. 실제 그러한 노태우 대통령 생각도 이후 필자가 직접 확인할 수 있었다.

📍 1992년 6월 30일 기공식

1992년 6월 30일 시험 선로 구간인 천안-대전 간 57.8km에 대한 기공식이 천안역 예정지였던 충남 아산군 배방면 장재리에서 노태우 대통령이 직접 참석한 가운데 열렸다. 완공 후 서울-부산 간 1시간 40분, 서울-대전은 1시간 내의 출·퇴근권으로 만들겠다는 캐치프레이즈와 함께….

이후 12년 만인 2004년 4월 1일에는 서울-광명 간, 대전역 구간, 대구-부산 간은 기존선을 개량하고 광명-북대전 간, 옥천-북대구 간은 신설 건설을 통해 기존선과 신선을 번갈아 운행하는 1단계 KTX 개통을 하게 된다.

이어서 2010년 11월 1일 동대구-부산 구간의 2단계 신선 건설 개통이 이루어졌고, 2015년 8월 1일 대전, 대구 도심 구간도 고속 선로가 개통되면서 겨우 경부선 전 구간에 대한 고속철도 노선의 건설이 이루어졌다고 할 수 있지만, 여전히 여러 가지

구조적 문제를 안고 가게 된다.

　1992년 6월 30일의 경부고속철도 착공식은 분명 의미가 있는 일이라고 본다. 필자 역시 '그때 착공을 하지 않았다면 그 이후 과연 우리나라에 KTX가 다닐 수 있었을까'라는 생각도 해 보지만, 우여곡절 끝에 생겨난 지금의 우리나라 고속철도 노선 체계나 운행 시스템은 한 번쯤 냉정하게 되짚어 보고 미래를 위하여 보완할 여지가 많다고 생각한다.

　착공 당시의 의미는 살리되 시행착오로 인한 문제는 정확히 짚어보고 미래를 위한 교훈으로 삼고 고칠 부분은 분명히 고쳐야 한다는 것이 1992년 6월 30일의 기공식에서 찾은 교훈이라고 강조하고 싶다.

Episode:
2004년 3월, 노태우 전 대통령 KTX 시승기

　2003년 3월 철도청장으로 부임한 필자에게 주어진 지상 최대의 과제는 고속철도 건설 공사 마무리와 2004년 4월 예정된 경부·호남고속철도 KTX의 성공적 개통이었다.

　노무현 정부 초기 각종 사회적 요구가 분출하던 시기, 철도청은 고속철도 건설과 개통 준비만으로도 밤낮 눈코 뜰 새 없었는데, 철도 공사화를 앞두고 철도 민영화 반대를 외치며 파업을 불사하는 노조와의 관계는 늘 일촉즉발의 불안하기 짝이 없는 나날들이었다.

어렵사리 2003년 하반기부터는 KTX 열차에 승객을 태웠을 때와 같은 무게의 생수통까지 싣고 시운전을 하면서 생길 수 있는 모든 상황을 가정해 가며 개통 준비를 하고 있었다.

2004년 초부터 어느 정도 안정이 되어 가면서 고속철도에 대한 홍보도 겸해서 여객에 대한 시승 행사도 단계별로 진행하고 있었다. 2004년 3월 노태우 전 대통령의 비서관이 대구를 가끔씩 왕래하는 노태우 대통령 내외분이 KTX 시승을 하고 싶다는 의사를 표명해 와서 곧바로 청와대와 협의해서 적극적으로 모시고 싶다는 의견을 전달하여 노태우 대통령 부부를 서울-대구까지 직접 모시고 갈 기회가 있었다.

사실은 2001년 3월 필자가 인천국제공항의 건설과 개항을 책임지는 건설교통부 신공항건설기획단장으로 있을 때 당시 영종도의 신공항 현장에서도 각계의 전문가, 기자, 일반 국민을 대상으로 인천국제공항 홍보관 등에 초청 행사를 가졌다. 그런데 개항을 앞둔 3월 어느 날 노태우 전 대통령 측에서 개항 전에 인천국제공항을 방문하고 싶다는 의사를 전달받고 강동석 사장과 터미널 쪽에서 기다리고 있던 중, 당시 청와대에서 노태우 전 대통령 측을 돌려보내라는 연락을 받고 당황했던 적이 있었다. 대통령의 뜻이 아니라 청와대 비서관 수준의 의사였던 것으로 확인됐지만 노 전 대통령은 큰 아쉬움을 토로하며 차를 돌렸던 적이 있었기에, 2001년 3월엔 필자가 직접 당시 청와대와 교감하며 노태우 전 대통령을 시승에 모시게 되었다.

약간 거동이 불편했지만 당신이 결정하고 착공까지 한 고속철도를 시승한다는 데 대해 상당히 고무되어 계셨었다. 초청해 줘서 고맙다는 말씀을 하시기에 2년 전 인천공항에 오실 때 제대로 모시지 못해 죄송했다는 사과 말씀을 드리며 1989년 사무관 때 고속철도와 신공항에 대한 대통령 재가 문서를 직접 기안했던 당사자라고 하니 정말 기뻐하시던 모습이 지금도 또렷이 기억에 남는다.

대구까지 가는 동안 이런저런 말씀을 드리면서 1992년 6월 착공을 결심하실 때의 심정을 여쭈어보았다. 당시 임기 말이었는데 대통령께서도 부담이 크셨을 텐데 어떻게 결심하시게 되었느냐고 그동안 궁금했던 것을 여쭈어보았다.

당시 교통부 장관은 착공할 준비가 되어 있다고 보고하는데 정치권이나 여론의 반대 의견이 많아 대통령인 당신도 정말 많이 고민했는데 결국 당신 재임 기간에 자신이 역사에 책임을 진다는 각오를 하고 착공할 수밖에 없었다는 말씀을 하셨다.

대통령 책임제 국가에서 대통령의 결단이 가져온 결과는 때로는 엄중할 수밖에 없는데 우리나라 고속철도의 경우 노태우 대통령의 결단은 우리나라 교통 역사에 새로운 지평을 여는 결과를 가져 왔다고 평가하고 싶다.

제6장

Epilogue

고속철도 정책 결정 과정, 히어로 스토리(Hero Story)가 아니다

미래 비전을 위한 점검의 계기로 삼았으면…

━━━◀ 01

고속철도의 역사, 정책 결정의 역사이다

지금까지 살펴본 대로 우리나라 고속철도의 역사는 거슬러 올라가자면 1970년대 말부터이다. 사람으로 비유하자면 1992년 6월 20일 착공까지 거의 10여 년 이상의 우여곡절을 거친 끝에 겨우 태아를 잉태하게 된 셈이다. 그러고도 또 12년이 지난 2004년 4월 1일 고진 산고를 겪은 끝에 KTX를 출산했다고 할 수 있다. 그러나 이때만 해도 완전 개통이라고 하기는 어려운 광명-북대전, 대전 이남-대구 북부 구간만 고속 신선 건설을 하였을 뿐 나머지 구간은 경부선, 호남선 모두 기존 선로와 역사를 개량한 1단계 개통이었다.

20여 년에 걸친 대장정이었음에도…. '이러한 20여 년의 과정은 우리나라 역사를 통틀어 가장 역동적인 정책 결정 과정의 사례라고도 볼 수 있지 않을까?'라는 생각에서 시작하는 것이 이 글을 쓰게 된 계기이다.

ChatGPT에 "정책 결정이란?" 질문을 입력하자 나온 답은 이랬다. "정책 결정이란 특정한 문제나 상황에 대해 결정을 내리는 과정을 말합니다. 일반적으로 정부나 조직 내에서 이루어지며, 정책 결정 과정은 여러 단계와 절차를 포함합니다. 주로 다음과 같은 단계로 이루어집니다.

① **문제 인식:** 특정 문제나 상황을 인식하고 그 문제에 대한 필요성을 인지합니다.
② **정보 수집과 분석:** 관련된 정보를 수집하고 분석하여 문제의 본질과 원인을 이해합니다.
③ **목표 설정:** 해결하고자 하는 문제에 대한 목표를 설정하고, 그 목표를 달성하기 위한 기준을 정합니다.
④ **대안 고려:** 가능한 여러 정책 대안을 고려하고, 각 대안의 장단점을 분석합니다.
⑤ **의사결정:** 최종적으로 가장 적합하다고 판단되는 정책을 선택하고 결정을 내립니다.

⑥ **정책 실행:** 결정된 정책을 실제로 시행하고 이를 관리하며 모니터링합니다.

⑦ **평가 및 개선:** 정책의 실행 결과를 평가하고 필요한 경우 수정이나 개선을 시도합니다.

이러한 단계들은 정책 결정 과정을 통해 특정 문제를 해결하거나 특정 목표를 달성하기 위해 사용됩니다."

이어서 "정책 결정 과정에서 가장 어려운 문제는?"이라고 물어보자 이렇게 대답한다.

"정책 결정 과정에서 가장 어려운 문제는 다양한 요인들이 복합적으로 작용하면서 발생할 수 있는 복잡성입니다. 이러한 복잡성은 여러 가지 측면에서 나타날 수 있습니다.

① **다양한 이해관계자의 관점:** 정책 결정 과정에서 다양한 이해관계자들이 다른 목표와 우선순위를 가지고 있을 수 있습니다. 이들 간의 충돌이나 이해관계자들의 요구를 조정하는 것이 어려울 수 있습니다.

② **불확실성과 불확실한 정보:** 정책 결정 시점에서는 항상 완벽한 정보가 주어지지 않기 때문에 불확실성이나 정보 부족 문제가 발생할 수 있습니다. 이러한 상황에서 적절한 대응 전략을 마련하는 것이 어렵습니다.

③ **정책의 장기적 영향 평가:** 정책이 단기적으로는 효과가 있을

수 있지만 장기적으로는 예상치 못한 부작용이나 영향을 미칠 수 있습니다. 이러한 장기적 영향을 예측하고 평가하는 것은 어려운 과제입니다.

④ **정치적, 사회적 복잡성:** 정책 결정은 종종 정치적 의사결정과 밀접하게 연결되어 있으며, 사회적으로도 다양한 요인들이 작용할 수 있습니다. 이러한 복잡성을 이해하고 처리하는 것이 중요합니다.

⑤ **변화와 적응:** 정책이 실행되면서 외부 환경이나 조건이 변화할 수 있습니다. 이에 대응하여 정책을 조정하거나 새로운 상황에 맞추는 것이 어려울 수 있습니다.

이 외에도 정책 결정 과정에서는 각종 리스크 관리, 자원 제약 등 다양한 어려움들이 발생할 수 있으며, 이를 해결하기 위해서는 철저한 분석과 계획, 그리고 협력적이고 투명한 과정이 필요합니다."

고속철도 건설을 결정하고 착공에 이르기까지의 모든 과정은 이러한 정책 결정의 과정을 거친 전형적 사례이다.

여러 차례 우여곡절의 고비를 넘겼지만 그래도 우리나라 고속철도는 1978년의 '대량화물 수송 체계 개선 및 교통투자 최적화 방안에 관한 연구'와 1983년 '서울-부산축의 장기 교통투자 필요성 검토 및 서울-부산 간 고속철도 타당성 연구'란 두 차례의 타당성 조사를 거쳐 대안을 마련했다. 그리고 이를 토대로 정부 관계기관의 협의를 거쳐 최종적으로는 행정부의 수반인 대통령의 의사결정까지 거쳐 정책으로 탄생하게 된다.

물론 이 과정에서는 불확실성이나 정책의 영향에 대한 평가의 관점이 다른 다양한 이해관계 집단의 갈등도 무수히 겪었고, 이런 가운데서 여러 차례 변화와 적응 과정을 거친 끝에 탄생한 것이 오늘날 우리나라의 고속철도이다.

늘 아쉬웠던 점은 우리 사회가 이런 과정을 좀 더 현명하게, 보다 객관적 입장에서 분석하고 대처하는 역량과 분위기가 있었다면 훨씬 더 효율적으로 더 멋있는 고속철도를 탄생시킬 수 있었을 것이란 점이다.

지금은 나름대로 성공적이었다고 평가받는 우리나라 고속철도임에도 이러한 아쉬움이 남는다. 하지만 더 걱정스러운 것은 이러한 교훈을 새기기는커녕 정책 결정의 기본적 과정도 거치지 않고 정치적 포퓰리즘에 휘둘려 대형 국책사업이 무분별하게 추진되는 오늘의 현실은 더욱더 안타깝기만 하다. 잘못된 정책의 결정은 늘 우리 국민에게, 특히 우리 후손들에게 크나큰 대가를 요구하기 때문이다.

필자가 고속철도의 비사를 굳이 정리하고자 하는 가장 큰 이유 중 하나이다.

고속철도 정책 결정의 핵심, 히어로 스토리(Hero Story)가 아니라 리더십(Leadership)이었다

어려운 정책 결정 과정일수록 리더십은 매우 중요한 역할을 한다. 리더는 다양한 상황과 복잡성을 이해하고, 조직 내에서 효율적으로 조정하며 결정을 이끌어 나가는 역할을 맡는다. 리더십은 일반적으로 비전을 제시하는 것이 가장 중요한 역할이다. 다양한 이해관계자들과의 의사소통, 의사결정의 투명성과 정당성을 확보하면서 다양한 정보와 의견을 종합하여 결정을 내리는 과정을 효율적으로 관리하고, 항상 존재하는 리스크를 인식하고 평가하면서 대응 전략을 마련하여 실행하고, 관계자들과 관계기관의 협력과 동기부여를 이끌어 내는 역할을 한다.

고속철도와 같은 단군 이래 최대 역사를 써 내려갈 때에는 어느 한 사람의 히어로가 할 수 있는 일이 아니라고 생각한다. 고속철도를 잉태하기까지의 10여 년의 세월 동안 교통부의 수많은 구성원들, 그리고 관계되는 정부와 민간의 모든 관계자들이 각자의 입장에서 치열한 논리를 구성하고 때로는 격돌하면서 큰 줄기를 잡아나가는 과정이 있었기에 가능했다고 본다. 물론 그중에는 대미를 장식한 노태우 대통령의 결단이 중요했다. 그러나 대통령에게 가는 과정도 결코 단순한 과정이 아니었다. 그러는 과정에서 아쉬움도 많이 남겼다.

세계적인 International Project Management Association(IPMA)에서는 Project Management를 "It's not a technique, It's leadership"이라고 정의한다. PM의 관점에서 본다면 우리나라 고속철도의 의사결정 과정, 건설 과정은 거대한 Project portfolio로 볼 수 있다.

각 단계마다 각 부문별 사업마다 누군가 리더십을 발휘한 사람들이 있었기에 가능했던 것이다. 대표적인 분들이 의사결정과 착공까지 김창근 장관과 노태우 대통령, 이후 건설계획을 전면 수정한 김대중 대통령이다.

이들의 공통점은 자기가 극구 반대했던 일들도 어느 순간 계기가 주어지면 소통과 공감 능력을 발휘하여 사고의 신축성을 십분 발휘했다는 점이다. 자동차 시대란 명분으로 고속전철을 언급도 못하게 했던 김창근 장관이, 새정치국민회의 대통령 후보로 고속전철, 신공항을 반대했던 김대중 대통령이 어떤 계기가 주어졌을 때 누구보다 심사숙고하고 유연하게 생각을 바꾸었기에, 그리고 자기 스스로는 '물태우'라는 비아냥까지 받았던 노태우 대통령이 장관과 참모들의 건의를 받아들여 우리나라 고속철도와 인천공항을 추진하는 의사결정과 착공까지 결심을 했기에 오늘날 우리나라 고속철도와 인천국제공항이 탄생하게 된 것이다.

유연한 사고와 공감할 줄 아는 소통의 리더십이 단군 이래 최대 국책사업들을 성공시킨 것이다. 이들 외에도 이 책에서 언급된 많은 분들의 공통점이기도 하다.

　대통령 혼자의 결정이 오늘날 대한민국 고속철도를 만든 것이 아니다. 우리 사회 곳곳에서 리더십을 발휘한 사람들의 지혜와 전문성이 있었기에 가능한 것이었다. 오늘날 우리나라 고속철도와 인천공항을 얘기할 때 내가 무엇을 했다는 영웅 스토리를 주장하는 사람들 중에는 정말 아무 일도 하지 않았거나, 고비마다 중요한 순간에 오히려 치명적인 오류를 범했던 사람들도 많이 있다.

　그러기에 이제는 대한민국 고속철도의 영웅 스토리에 몰입할 때가 아니라 정책 결정 과정으로서의 재점검을 통한 또 다른 비전을 제시할 필요성과 또한 그 과정에서 헌신한 분들의 진정한 리더십을 배우고 새로운 비전을 찾는 지혜를 배우자는 것이 이 글을 마무리하면서 가지게 되는 생각이다.

철도구조개혁이란 명분의 '철도상하분리',

이제는 냉정히 재평가해야

02

상하분리 논의의 발단

철도의 상하분리란 기반시설 부문과 운송 부문을 상호 독립적으로 분리한다는 개념이다. 도로교통이나 항공, 해운 분야에도 상하분리라는 개념을 적용할 수 있으나 이들 분야에서는 거의 사용하지 않고 유독 철도에만 상하분리라는 표현을 쓰는 것은 철도 발전의 역사와 철도 운영의 특성 때문이다.

다른 측면에선 도로교통이나 항공, 해운 분야는 사실상 출발 단계부터 상하분리의 개념이 적용되었기에 굳이 구분할 필요가 없었다는 표현이 더 정확할 것이다.

대부분의 경우 상하분리의 개념이 무엇인지, 상하분리를 왜 해야 하는지조차 알지 못하고 있는데 유독 철도 부문에서, 그것도 우리나라에서 상하 분리가 철도구조개혁의 대전제인 것처럼 인식되어 있다. 때문에 이 부분에 대한 잘못된 인식을 바로잡아 나가야 앞으로 우리나라 철도 발전이 제대로 방향을 잡을 수 있다는 판단에서 이 문제를 지적하고 싶다.

우선 우리나라에서는 철도구조개혁을 말 그대로 구조를, 즉 조직을 개혁한다는 일차원적 인식에서 과거의 철도청, 지금의 철도공사가 가지고 있는 기능을 분해시켜 기반시설에 대한 기능과 운송 관련 기능을 일차적으로 분리한다. 다음으로는 철도공사가 비대하여 비효율적으로 운영되기 때문에 철도공사의 기능도 수서고속철도(SRT)같이 수익성이 높은 부분부터 분리하여 경쟁체제로 가지고 가야 한다는 잘못된 논리로 철도의 상하분리 개념을 실천해 나가고 있다.

그러면서 철도 노조나 시민단체들의 철도 민영화 반대라는 논리에는 당당하게 대응하지 못하고 절대 민영화는 아니라고 또 변명을 한다. 수서고속철도(SRT)의 경우와 같이 공공기관 형태의 철도공사의 기능에 민간 자본의 참여 방안을 지속적으로 강구하는, 정말 갈팡질팡하는 일련의 과정을 철도 구조개혁, 철도의 상하분리라는 명분으로 계속 추진하고 있다.

그 시작은 그리 오래되지 않은 2003년 초 노무현 대통령 당선 직후 인수위원회 시절부터다. 그것도 이전 정부나 인수위원회 운영 기간 중에 사실상 깊이 논의도 되지 않은 상태에서 인수위원회 마지막에 불쑥 제기된 것이었다. 그러나 당시는 2004년 4월 고속철도 1단계 개통을 1년 남겨 놓은 시점으로 2005년부터 철도청의 철도 공사화가 예정되어 있었다. 그리고 1993년부터 설립되어 고속철도 건설 기능을 담당해 왔던 한국고속철도건설공단의 운명이 2004년 4월 고속철도 개통 이후 어떻게 정립되어야 할 것인지에 관한 문제들이 얽혀 있었다. 이에 관한 충분한 검토나 방향의 정립조차 없던 상태에서 인수위에 참여하고 있던 한두 사람에 의해 불쑥 던져진 과제가 휘발성 있게 번져나가 당시 전력 분야의 송배전 분리와 함께 네트워크 산업의 구조개혁이란 어젠다로 노무현 정부 첫해를 뒤흔들게 되었던 것이다.

철도구조개혁의 역사적 배경

"철도상하분리는 과연 철도구조개혁과 동의어인가?"라고 물으면 필자는 단연 아니라고 대답할 것이다. 철도구조개혁과 철도상하분리는 개념과 연혁부터 제대로 알고 접근해야 한다. 우선 철도구조개혁이란 화두가 대두되게 된 큰 역사적 흐름을 살펴본다.

철도는 산업혁명 이후 증기기관의 발달과 함께 급성장하며 산업혁명을 주도한 선진국의 경제사회 발전과 함께 제국주의의 팽창에 지대한 역할을 하였다. 우마차에 의존하던 교통체계를 획기적으로 바꾸면서 철도는 오늘날 자본주의 사회의 근간을 형성하는 모든 시스템을 만들어 내는 자본주의의 총아였다.

19세기의 철도는 그 자체가 노다지 산업이었다. 19세기 동안 철도는 이 세상을 완전히 뒤바꿔 놓았다. 철도가 놓이면서 단 며칠 만에 어떤 대륙도 횡단이 가능해졌고, 이에 따른 산업혁명도 전 세계에 걸쳐 거의 모든 사람의 삶에 영향을 미치는 토대가 된 것이다. 수익성 있는 철도 건설을 위한 자본을 조달하기 위해 주식시장이 생겨났고 전신전화, 여행업, 호텔업뿐 아니라 광산업, 도시개발 등도 철도를 중심으로 번성하여 오늘날 선진국의 상당수 기업 집단은 모두 초창기 철도산업을 기반으로 성장하였다. 제1차 세계대전까지 경쟁상대 없이 급성장하던 철도는 제1차 세계대전 중 전쟁 수단으로써의 철도로 또 한 번 그 중요성을 과시하게 된다. 그러나 제1차 세계대전 후 자동차의 등장으로 경쟁자들의 도전을 맞게 되지만, 디젤기관차와 전기기관차의 등장으로 계속 황금기를 구현하게 되며 제2차 세계대전 시기에도 철도는 여전히 전쟁에 주요한 역할을 하며 그 존재가치를 증명하게 된다.

그러나 제2차 세계대전 이후 철도의 황금기는 서서히 주도권을 자동차나 항공기, 선박, 특히 컨테이너 선박의 등장으로 다른 교통수단에 넘겨주게 된다. 그럼에도 철도의 중요성은 여전하였기에 미국을 제외한 대다수의 국가들은 제2차 세계대전을 전후하여 상당수 철도를 공영화하게 되고, 이런 과정에서 철도 는 각국 정부의 큰 재정 부담을 유발하는 부담스러운 존재로 빛 을 잃어가게 되면서 철도구조개혁이란 화두가 등장하게 되는 것 이다.

이런 과정에서 철도 선진국들은 모두 자기 나름의 철도구조 개혁 방안을 길게는 20여 년 이상 논의하고 찾아가게 된다. 여 전히 국영 철도 체제를 유지한 구소련, 중국, 동유럽 국가들을 제외한 서방 국가들은 영국의 시설 및 운송 분야의 대대적인 분 할 민영화, 일본의 지역별 분할에 근거한 민영화, 독일의 DB 지 주회사 산하의 기능별 분할 체제와 같이 각 국가마다 서로 상이 한 모델을 통한 철도구조개혁의 방향을 찾게 된다.

철도상하분리의 개념과 원칙

철도의 상하분리는 조직 쪼개기가 아니라 정부가 도로와 같 이 건설비를 부담하라는 것이다. 철도상하분리의 개념과 원칙 은 1990년대 EU가 회원국들에 대한 개방적인 철도 정책을 추 진해 나가는 과정에서 명확하게 정리가 된 것이다. EU는 통합 유럽을 목적으로 그동안 각 국가별로 독점의 공공기관 형태로 운영되던 철도 시스템을 상호 개방하여 EU 전체의 통합철도 체제를 지향하되 철도 운영에도 다른 교통수단과 같이 경쟁성을 도입하여 효율을 높인다는 목표를 설정하게 된다.

이런 방향성이 분명하게 제시된 것이 EU의 'Council Directive 91/440/EEC of 29 July 1991 on the development of the Community's railways'이다. 이 지침의 Section I 목적과 범위에서는 **"철도의 기반시설 관리와 철도의 운송 서비스 부분을 회계분리는 강제하되 조직 또는 기관의 분리는 선택 사항으로 제시한다**(by separating the management of railway operation and infrastructure from the provision of railway transport services, separation of accounts being compulsory and organizational or institutional separation being optional)" 라고 상하분리는 기반시설과 운송의 회계분리는 의무 사항으로, 조직과 제도의 분리는 선택사항으로 명확히 규정하고 있다.

철도의 상하분리를 권고하게 된 배경을 잘 이해하여야 한 다. 지금까지 설명하였지만 철도는 제2차 세계대전까지만 해도 철도 수송 자체만으로도 엄청난 수익성이 있었다. 때문에 철도 의 건설은 처음부터 당연히 철도사업자가 하였지만 제1차 세계 대전 전후로 자동차, 항공기, 선박 운송이 발달하면서 독점적인 지위를 뺏기면서 수익 구조가 점차 축소되어 가는 상황이었다. 더욱이 철도 수송의 위축을 가중시킨 것은 철도사업자가 부담하 던 건설비를 자동차, 항공기, 선박의 경우는 기반시설 투자비를 사업자가 아닌 정부가 부담하는 구조이기 때문이었다. 철도와 직접 경쟁하는 자동차의 경우 자동차 운송회사나 자동차 제조회사는 도로 건설비를 사실상 전혀 부담하지 않는 상태여서 철도가 아무리 대량 수송의 장점을 가지고 있지만, 경쟁에서는 절대 불리한 여건이 될 수밖에 없었다.

항공산업이나 해운산업과의 경쟁 구도에서도 철도는 불리할 수밖에 없었다. 이런 상태에서 제2차 세계대전 이후 철도산업의 경쟁력은 더욱 악화될 수밖에 없었다. 때문에 각국은 철도의 구조개혁 논의를 심도 있게 진행할 수밖에 없었지만, 공통적으로 착안했던 것은 철도의 대량 수송에 따른 높은 효율성과 친환경성을 고려할 때 철도산업을 보다 적극적으로 육성할 필요성이었다. 그렇기 때문에 철도구조개혁을 착수한 모든 국가의 공통적인 관심사는 철도의 경우도 자동차운송사업, 항공업, 해운업과 같이 기반시설 건설과 유지보수는 정부와 공공부문이 맡고 운송 부문은 경쟁성을 도입하도록 하자는 것으로 귀결된 것이고, 그 원리가 가장 잘 반영된 것이 EU의 Directive 91/440/EEC인 것이다.

즉 기반시설 관련 비용에 관한 회계를 운송 부문과 철저히 분리하라는 교통경제학적 원칙에 근거한 기준의 제시이다. EU는 분명히 회계는 분리하되 조직의 분리는 각 국가의 상황에 맞게 선택적으로 고려하라고 하였다.

우리나라의 철도구조개혁, 소위 상하분리는 회계분리보다는 조직 쪼개기에만 몰두하는 기형적 형태로 진행되다 보니 구조개혁이 아니라 오히려 구조 개악적인 결과를 낳고 있음에도 누구 하나 여기에 주목하는 사람이 없는 안타까운 상황에서 오늘도 우리나라 철도는 재무적으로나 안전성 측면에서도 심각한 위협 요인만 가중시키고 있는 측면이 있다.

영국과 일본의 철도구조개혁 사례

영국의 철도구조개혁은 1993년 제정된 「철도법(Railways Act 1993)」에 따라 영국철도위원회(BRB) 통제하에 있던 영국철도(BR)의 기반시설과 운영 부문을 모두 분할매각 하는 방식으로 진행되었다. 기반시설 소유권은 개인소유인 Railtrack에, 선로의 유지보수와 기타 자산은 13개 회사에, 열차 차량의 소유권은 3개 철도차량 회사에, 여객 서비스는 25개 여객열차 운영회사로, 화물 부문은 국내 3개 지역 화물열차 회사와 6개 국제 화물 운영회사로 나뉘어졌다.

일본의 경우 1987년 그동안의 국철, JR 체제를 지역을 기반으로 한 6개 여객 철도회사와 1개 화물철도 회사로 분할 민영화하였다.

우리나라가 2004년 소위 철도구조개혁을 추진하면서 지역을 근거로 한 일본의 사례를 모델로 제시하기에는 괴리가 있어 주로 영국의 사례를 많이 거론했다. 하지만 사실 영국의 경우

시설과 차량, 운영 부문을 모두 세분화하여 민간에 매각한 이후 2000년 Hatfield에서 레일이 파손되어 열차가 전복하면서 4명이 사망하고 70명이 부상당했다. 2002년에는 런던 북부 포터스 바 역에서 7명이 사망하고 80여 명의 부상자가 발생한 열차 충돌사고가 있었다. 이들 사고는 민영화 이후 유지보수 체제의 결함이 원인으로 분석되었다. 이런 와중에 기반시설의 소유권을 가진 Railtrack은 2001년도에 사실상 파산 상태에 들어가 영국 정부는 황급히 국영의 Network Rail로 하여금 Railtrack의 자산과 선로 유지관리권을 인수받게 하는 조치를 취하게 된다. 사실 기반시설과 운영 부문을 세분화하여 분할 민영화한 이러한 영국의 철도구조개혁은 바람직한 사례로는 평가받지 못하고 있다. 4,200km 남짓한 우리나라 철도가 기반시설의 건설과 유지보수의 책임은 국가철도공단에, 운송 부문의 고속철도는 코레일 (KORAIL)과 SRT, 광역철도 부문에서는 노선마다 별도의 민간 회사가 건설과 운영을 맡도록 하는 정책 방향을 취하고 있는데 이는 큰 틀에서 보면 영국의 모델과 많은 유사점을 가지고 있다.

반면 일본의 경우는 지역을 기반으로 한 분할 민영화라고 표현하고 있지만, 민영화라기보다는 우리나라의 한국전력의 변화 과정과 유사한, 사실상 정부가 상당 기간 소유권을 가지고 점진적으로 주식을 상장하는 방식의 철도구조개혁을 한 사례다.

1987년 4월 1일 당시 국철(JR)의 민영화를 단행했지만 사실은 1960년대부터 「국철재건법」을 제정하여 무분별한 신규 철도노선의 건설을 정지시키고, 적자 노선을 폐선하거나 제3섹터로 넘기면서 국철 직원 10만 명을 정리하는 JR경영정상화의 노력을 지속적으로 하였다.

1987년 일본국철은 모든 사업을 7개 JR회사에 넘긴 후에도 '일본국유철도 청산사업단(JNRSC)'이란 명칭으로 1998년까지 존속하면서 기존 국철의 채무와 12만 명에 이르는 인력의 정리 업무를 일단락한 1998년에 해산하고 일본철도건설공단에 흡수된다. 이후 2003년에는 철도건설공단도 '운수시설정비사업단'과 통합하여 최종적으로 독립행정법인인 '철도 건설·운수 시설 정비 지원기구(JRTT)'로 존속하게 된다.

민영화의 기치를 내걸고 출발한 7개 JR회사 중 본토의 JR 동일본은 2002년, JR서일본은 2004년, JR도카이가 2006년에, 이후 2016년 JR큐슈가 뒤늦었지만 주식을 모두 민간에 매각하여 사실상 민영화가 완료되었다. 하지만 JR시코쿠와 JR홋카이도의 경우 지역 인구가 너무 적고 자연재해로 인한 복구 비용이 커서 아직도 흑자로 전환하지 못하여 주식을 매각하지 못하고, 국가의 지원으로 유지되고 있는 상태이다.

그뿐만이 아니라 일본의 경우 JR 각 사는 사실상 경영에서 완벽한 자율경영권을 행사하며 각종 부대사업도 광범위하게 운영하여 부대사업 수익이 본업인 운수 수입에 버금가는 수준까지 이르렀다. 우리나라의 코레일과 SRT가 부러워할 부분이다.

규모의 경제에 기반한 철도산업

철도는 기반시설과 운영 시스템 모두 막대한 투자가 소요되는 사회간접자본이다. 200년 전 초창기 철도산업은 워낙 수익성이 높고, 그 수익의 규모가 컸기 때문에 철도운영자는 기반시설과 차량에 투자를 하고도 막대한 수익을 창출할 수 있었다.

오늘날의 철도는 속도의 향상과 첨단기술의 발달로 투자비는 더욱 증가될 수밖에 없다. 이런 여건 속에서도 우리보다 빨리 산업화했던 선진국들은 200여 년 전부터 꾸준히 철도에 투자했기 때문에 1980년대까지는 대부분의 선진국가들이 3만~6만 km 수준의 철도 네트워크의 구축을 마친다. 그 이후로는 첨단기술의 개발에 따른 개량 사업과 차량의 고속화에 치중하고 있는 실정이다.

우리나라의 경우 이제 겨우 4,000km 수준의 철도를 운영하게 되었는데, 이는 굳이 일본과 비교하자면 일본의 큐슈철도 정도 수준에 지나지 않는다.

이런 상태에서 기존 철도 조직을 건설과 운영기관을 분리하고 운영기관을 또 세분화하는, 소위 조직분리에 치중하는 철도 구조개혁은 규모의 경제에 비추어 보아도 냉정한 재평가가 필요한 때라고 본다.

2004년 KTX 개통 준비 단계의 경험,

철도청과 고속철도건설공단 이원화에 따른 어려움의 극복 사례

앞서 여러 차례 설명했지만 1990년까지 고속철도 건설과 운영은 철도청이, 철도청이 공사화한 이후는 철도공사가 담당하는 것으로 추진되어 오다가 우여곡절 끝에 1991년부터 건설은 별도의 추진기구, 고속철도건설공단을 설립하여 담당하도록 구상하게 된다. 1992년 3월 한국고속철도건설공단이 설립될 때에는 경부고속철도의 건설이 주 임무였고, 공단은 이와 관련한 모든 업무를 철도청으로부터 이관받아 선로의 건설, 고속철도 차량의 도입, 차량기지의 건설에 관한 모든 업무를 맡아서 추진하였다.

그러나 1992년 6월 착공 이후에도 서울과 부산의 출발역이나 통과 도시의 지하화, 호남고속철 추진 방안 같은 여러 가지 주요 정책 결정이 확정되지 않은 상태였기에 불확실성의 요소가 상당히 컸었다. 이런 모든 요인은 1998년 김대중 정부 첫 해 고속철도와 수도권 신공항 양대 사업에 대한 전면 재검토 과정을 거쳐 2004년 4월 1단계 개통 시는 경부고속철도는 광명-대전, 대전-대구 구간만 신설하고 서울역-광명, 대전역 통과 구간, 대구역 통과 구간, 대구-부산은 기존 선을 개량하고 호남선도 대전-목포 구간도 기존선을 개량하여 경부선과 동시 개통한다는 원칙이 정해지게 된다.

이에 따라 신선 구간 건설과 차량기지 건설, 고속철도 차량의 도입은 고속철도건설공단이 담당하되 기존 선을 개량하는 구간, 즉 경부선의 서울역-광명, 대전과 대구역 통과 구간, 대구-부산간 개량 사업과 호남선 대전-목포 구간 개량 사업은 기존 열차의 운영을 담당하는 철도청이 고속철도 건설을 담당하는 것으로 역할 분담을 하게 된다. 이에 따라 두 개의 기관이 우리나라 고속철도 건설 과정에서 각자의 역할을 하게 된다.

결국 철도청은 주간과 야간에 열차 운행을 차질 없이 하면서 야간 일부 시간대에 개량 공사를 하는 24시간 근무 체제로 수년간 불철주야 혹독한 고생을 하게 된다.

이러한 24시간 근무 체제의 어려움은 사실상 간과된 채 철도구조개혁이란 굴레까지 쓰고 인력과 예산의 부족까지 더해지며 엎친 데 덮친 격으로 극심한 노사갈등의 요인까지 생기게 된 것이다. 지금으로서는 상상도 할 수 없는 근무 여건이었음에도 필요 최소 수당이나 인력도 제대로 지원받지 못하다가, 노무현 대통령 정부 때 노무현 대통령과 당시 김병일 기획예산처 장관의 이해로 필요 최소 인력과 예산을 지원받아 겨우 힘든 고비를 넘길 수 있었다. 하지만 그 과정에서 깊어진 철도 노사의 갈등은 오늘날까지도 여운이 남아 있을 정도이다.

이런 24시간 근무 상황과 야간 철야 작업의 과정에서 철도청 직원과 민간업체 직원들 상당수뿐만 아니라 승객들까지도 큰 희생을 입는 안타까운 역사를 오늘날 KTX는 숙명처럼 안고 있는 것이다.

이런 상황 가운데서도 고속철도건설공단이나 철도청의 구성원 모두 책임감과 사명감으로 일하였지만, 두 개의 조직이 하나의 선로에서 호흡을 맞춰 일하는 과정에서 불가피한 불협화음이나 의견충돌도 없을 수 없었다. 그러다 보니 2003년 개통 직전에는 실제 여러 가지 현실적인 문제들이 허다하게 발생했는데, 이들 중 상당수가 건설과 운영기관의 분리에 따른 상호 독자적인 의사결정 과정에서 생기는 문제였다.

예를 들면 차량기지의 검측 장비나 선로 검측 장비의 오작동, 열차의 무선 시스템의 호환성 문제, 차량의 납기 내 인수 지연, 심지어 운행도 시작하기 전 마모된 부품의 조달 부족 문제, 승무원과 기관사 훈련 부족 문제 등 한두 가지가 아니었다.

그럼에도 두 개의 기관 간 의사소통이나 협력체계가 원활하지 못하여 가장 중요한 2003년에 예정된 운행훈련은 분야별로 계획보다 2~3개월, 심한 경우 6개월 이상 지체되는 심각한 현상에 직면하게 되었다.

이런 상황 속에서 2003년 9월 당시 대통령실 정책실장과 건설교통부 장관에게 2004년 4월까지 한시적으로 개통 준비를 위한 지휘체계 일원화를 특별히 요청하였다.

당시 이정우 대통령비서실 정책실장, 강동석 건설교통부 장관의 이해와 협조로 막바지 지휘체계 일원화가 철도청장 중심으로 이루어졌었다. 지금 돌이켜 생각해 보면 이런 과정이 없었더라면 2004년 4월 1일 KTX 개통은 어려웠을 것이다.

KTX 개통은 결국 고속열차를 제때, 제대로 운행하는 것이었으므로 2003년 10월부터는 철도청장 지휘하에 개통 업무를 일원화하는 것으로 정리를 하였던 것이다.

한 개의 선로 위에서 시속 300km 이상의 고속열차가 각종 신호통신 시스템의 완벽한 작동하에서 움직이는 것이 철도이다. 그렇기 때문에 철도의 상하분리를 조직분리 차원에서 실행하려면 그만큼 치밀하게 준비를 하고 늘 모니터링을 해야 한다.

우리나라에서 조직의 상하분리를 주장하는 사람들은 흔히 스웨덴의 경우나 프랑스의 RRF와 SNCF의 사례를 얘기하곤 하는데, 이는 본질을 전혀 외면한 겉보기에 불과하다. 이들 국가뿐 아니라 독일, 일본 등도 모두 상하분리는 기반시설과 운영체제의 회계를 더 명확히 하기 위하여 조직을 분리하는 것이고, 조직을 분리한 상태에서도 정부가 많은 전문 인력과 기구를 가동하여 상위에서 양 기관의 문제와 갈등 요인을 사전에 해결해 주고 있다.

특히 주목할 것은 이들 국가 모두가 철도 건설 수요는 이제 거의 없는 상태에서 자산과 회계의 관리를 위하여 분리한 것이 주목적이나 우리나라의 경우 아직도 상당수 구간이 운영 중인 선로를 개량하거나 신선을 건설하더라도 운영자에게 이관하는 것을 전제로 하기 때문에 대부분의 구간에서 기관의 분리에 따른 문제점들이 2003년 1단계 KTX 개통 전과 같이 지속적으로 일어나고 있다는 점이다.

더 이상 이런 문제들을 외면해서는 안 된다. 바로 국민의 생명과 관계되는 안전의 문제이기 때문이다.

우리나라 철도구조개혁, 전면 재점검을 해보자

지난 20년간을 돌이켜보면 가장 아쉬운 점은 과연 그동안 외쳐온 우리나라의 철도구조개혁은 어떤 비전을 가지고 무슨 목적으로 추진해 왔는지에 관한 근본적인 의문부터 든다. 직설적으로 얘기하면 과거 철도청, 그리고 철도청의 상당 기능을 이어받은 '코레일 괴롭히기'가 소위 우리나라의 철도구조개혁이 아니었나 하는 생각밖에 들지 않는다고 하면, 너무 심한 표현일까?

우리나라는 2003년 「철도산업발전기본법」을 제정하고, 2004년 6월 철도산업 구조개혁 기본계획을 수립하여 소위 철도구조개혁을 추진해 왔다. 이 기본계획에 따라 시설과 운영을 분리하는 기본 방침을 정하였기에 철도 시설은 국가가 책임지기 위해 공단을 설립하여 건설하고 운영은 과거 철도청을 공사화하되, 적정한 경쟁 관계를 조성하여 독점의 폐해를 줄이고 효율성의 향상을 도모한다는 것이 기본 방향이었다.

이런 취지에 따라 이명박 정부는 참여정부의 구조개혁 방향에 따라 신규 개통되는 수서발 KTX 노선에 대해 민간 운영사 선정을 추진(2011년 12월)하다가 철도공사와 노조 등의 반발과 민영화에 대한 부정적 여론으로 지연되자, 수서발 KTX 운영에 경쟁 체제를 도입하되 철도공사의 출자회사 형태로 설립하고 민간 자본의 참여를 제한하여 민영화 가능성을 차단하였다고 설명했다. 그러다 보니 정부의 정확한 의도나 추진 방향이 무엇인지조차 심히 혼란스럽게 하는 부분이다.

정부가 정책적 판단을 하여 건설하는 여타 철도 노선들도 완공 단계에서는 철도 운영에 경쟁체제를 도입한다는 이유로 코레일이나 지방자치단체의 철도 운영기관에게 경쟁 입찰방식을 도입하고 있다. 결과적으로는 대부분 적자 노선인 관계로 마땅한 운영자를 찾지 못하고 궁극적으로는 정부가 코레일에게 공익 서비스 비용을 부담한다는 이유를 붙여 운영을 맡기게 된다. 최근 들어 광역급행철도나 도시철도 노선마다 민간사업자들이 건설과 운영을 책임지는 조건으로 참여하고 있다. 그러나 모두 철도의 운영 경험이 전무한 상황이어서 기존의 철도사업자들에게 운영을 위탁할 수밖에 없었는데, 도시철도 운영 경험밖에 없는 지방자치단체 철도운영자들이 코레일이나 SRT와 같은 자격으로 경쟁하여 운영에 참여하게 된다.

심지어 시속 200km 수준의 고속열차 수준인 경우에도…,

과연 운영 인력이나 기본적인 유지보수의 역량이라도 갖추고 있는지에 관한 걱정이 앞선다. 자동차의 경우도 2종 보통 면허와 1종 면허, 대형 면허 등이 세분화되어 있고 항공기는 기종마다 자격증이 있어야 하나 철도의 경우는 기본적인 기준마저 무시되며 철도구조개혁의 명분으로 사업자와 운영자가 난립하게 된 것이 오늘날 우리나라 철도의 현실인데, 과연 이렇게 해도 되는 것인지 걱정스럽다면 필자가 너무 쓸데없는 걱정을 하는 것일까?

2003년 철도구조개혁을 주장할 때 우리나라 철도의 생산성은 세계적으로도 우수한 것으로 분석되고 있었다. 그 이후 정부가 철도구조개혁을 줄기차게 외치며 회계분리보다 조직분리에 줄기차게 매진해 왔던 지난 20년 동안 과연 각종 철도 생산성 지표들이 얼마나 호전되어 있을까?

코레일을 지탄하기 전에 정부의 무분별한 철도 확장 정책, 10년 이상 통제하고 있는 철도 요금 정책, 철도운영사들의 기본적인 자격 기준도 제대로 갖추지 못한 법령 체계, 코레일과 자회사에까지 무분별하게 비전문가를 임명하는 공공기관 인사정책을 집행하는 정부가 과연 코레일의 경영 효율화를 주장할 자격이 있는지 스스로 냉정히 반성한 후 지금이라도 미래지향적인 철도 구조에 대한 비전(vision)을 제시해야 할 때라고 본다.

KTX 서울역과
수서역의 아쉬움

03

초라하기 짝이 없는
KTX 서울역의 아쉬움

개통 20주년을 맞은 오늘날 KTX는 어느덧 우리의 일상 속에서 자리를 잡았지만 돌이켜보면 못내 아쉬운 점이 한두 가지가 아니다. 가장 큰 아쉬움은 광명역을 제외하고는 서울역, 대전역, 대구역, 부산역, 광주 송정역 등 기존의 도심에 위치한 KTX 역들은 조금 번듯한 데가 한 군데도 없다는 점이다.

선진국 대부분 국가의 수도와 주요 도시의 철도역을 보면 그 시대 건축이나 예술적 관점과 엔지니어링 측면에서 최고의 작품이라고 할 수 있을 정도의 멋과 기능성을 자랑하고 있다.

오래전부터 운영되어 온 파리의 북역(Gare du Nord), 리옹의 파듀역(Gare de la Part-Dieu), 런던의 판크라스역(St. Pancras station)과 같은 역들의 경우 과거의 품격과 현대의 기능성이 돋보이지만 최근 지어진 베를린 중앙역(Berlin Hauptbahnhof)이나 교토역 같은 경우는 모던한 디자인과 현대적 복합 기능의 편리성으로 유명하다. 갈 때마다 구석구석 돌아보고 배울 점이 없는지 살펴보게 된다.

우리나라의 경우 우선 가장 중요한 서울역을 출발점으로 선정하는 과정부터 난항을 겪었다. 모든 철도는 서울역으로 귀결되어야 한다는 철도청 시절부터의 불문율 같은 신념과 당시 건설부의 수도권 집중 억제 논리와 서울시 도시계획 관련 전문가들의 지하화 주장에 적당히 타협한 결과가 광명역을 사실상의 수도권 출발역으로 삼고 광명-서울역 간은 지하화하는 방안이었다.

1991년 하반기 필자가 대통령 비서실 사회간접자본투자기획단에 근무할 때 하루는 당시 김종구 고속전철건설기획단장으로부터 당시 건설본부장과 함께 몇 가지 현안에 관해 개인적 의견을 듣고 싶다는 연락을 받고 나갔더니 서울역 문제에 관해 건설부와 서울시에서 수도권 집중 문제, 지하화 문제를 제기해서 김종구 단장도 뭔가 탐탁지 않은 느낌으로 의견을 묻는 것이었다.

당시 필자는 "서울역까지 지하화해서 들어오려면 상당히 먼 거리에서부터 지하화해야 하고 그 작업이 만만치 않을 텐데 가능하겠느냐, 그리고 설사 지하화한다고 하더라도 먼 장래를 볼 때 서울역의 출·도착지로서의 수요를 모두 처리할 정도의 역사 공간을 확보하는 문제와 수색 차량기지까지 반복 운행 수요를 처리하는 문제가 산적해 있을 텐데 그런 문제를 어떻게 처리할 것이며, 소요 예산도 막대할 텐데 차라리 외국의 경우처럼 고속철도 건설을 계기로 양재 같은 데 방향별로 경부선 철도 출발 역사를 새로 건설하는 것도 고려해 보면 어떻겠느냐"라는 의견도 제시했다. 그러나 당시 건설본부장은 철도는 서울역으로 집결시켜야 하고 광명부터 서울역까지의 지하화도 토목 기술상 전혀 문제 될 게 없다고 워낙 강하게 주장하여 더 이상 대화를 진행할 수가 없었던 사실이 있었다.

　　그러나 결과적으로는 지금까지도 서울역-광명 간은 기존 경부선 선로를 이용할 수밖에 없고 광명역은 다른 어떤 역사와는 비교도 안 될 만큼 수요는 아랑곳하지 않고 덩그렇게 위용을 자랑하고 있다. 하지만 서울-광명-평택-오송 구간의 병목 현상은 지금까지도 해결해야 하는 숙제의 구간으로 남아 있다.

어쩔 수 없어 선택했던 대안, 수서역

그런 상태에서 필자가 2002년 초 고속철도 업무를 관장하는 수송정책실장으로 발령받은 즉시 서울역-평택 구간 병목 현상을 해소할 대책이 마련되어 있는지를 점검한 결과, 서울역-광명 간 기존선 활용 방안 외 아무 대안이 없이 고속철도 건설이 진행되고 있다는 사실을 확인한 후 즉시 대안 검토를 지시했다. 그러나 여전히 서울역-광명 간 지하화는 기술적·물리적 난제가 많아 추진이 어려웠다. 수서와 양재까지 추가적인 역사와 선로를 건설하는 문제를 검토한 결과, 양재는 이미 지하철 건설, 고속도로 확장, 도시화 등으로 역사와 선로를 설치할 수 없는 상황이라 어쩔 수 없이 수서역을 서울역을 보완하는 대체지로 설정하여 철저히 대비하도록 지시하고 2003년 초 철도청장으로 부임하였다. 그러나 2004년 하반기 건설교통부 차관으로 발령받아 제일 먼저 한 것이 수서역 진행 상황을 파악하는 것이었는데, 정말 통탄할 일은 필자가 수송정책실장을 떠난 이후 전혀 진척이 없었다는 사실이다. 당시 가장 시급한 과제가 수서역과 동탄까지의 선로 가용 부지를 확보하는 것이었는데, 2년여 공백 기간 동안 수서역 주변도 이미 지하철 차량기지나 도시화가 이루어져 충분한 부지를 확보하기가 어려웠다. 그리고 선로 용지는 더더욱 확보가 어려웠다. 그나마 그때부터라도 다그친 결과 오늘날 수서역과 세계에서 네 번째로 긴 율현터널로 겨우 서울의

KTX 수요를 분산 수용할 수 있게 된 것이다. 그러나 이 구간도 GTX A노선이 상당 구간 공유하게 됨에 따라 SRT와 GTX 모두 용량 부족 문제를 안게 되었고 평택-오송 구간은 아직도 심한 병목현상을 안고 있게 된다.

그뿐만이 아니라 수서역과 주변 일대를 외국의 대표적인 몇 군데 고속철도역과 같이 복합개발을 통해 서울로 들어오는 분당, 성남 등지의 교통 수요를 흡수하는 또 다른 도심 축으로 개발해 보자는 구상도 예산 절감을 이유로 지금과 같이 최소 기능만 유지할 수 있는 수준의 수서역으로 만든 것은 너무나도 아쉬운 일이다.

오늘날 수서역과 수서-평택 구간은 이미 용량 부족 문제가 대두되고 있을 뿐 아니라 고속철도와 GTX 삼성역과 서울 북부 방면으로의 연결 문제도 고민해야 하는, 돌이켜 보면 불과 10년 이후도 내다보지 못하는 근시안적인 정책의 결과물이라고 할 수 있을 것이다.

그나마 다행인 것은 평택-오송 구간과 광명-수색 간 고속철도 용량 확장 사업이 추진되고 있다는 점이다. 다시는 이런 우(遇)를 범하지 말고 반면교사로 삼아야 할 부분이다.

그리고 이러한 평택-오송 구간과 광명-수색 간 고속철도 용량 확장 사업의 추진 과정에서 필히 감안해야 할 부분은 이들 사업이 단순히 현재의 KTX 선로 구조와 용량 문제를 해결하기 위한 것에 그쳐서는 안 된다는 점이다. 우리나라의 KTX는 언젠가는 한반도 전체를 아우르는 철도 시스템을 갖추기 위한 전제 아래에서 추진되어야 한다는 점이다.

다음 장에서 마지막으로 언급하고자 하는 한반도 종단 KTX를 고려한 준비까지 검토하여 계획 안에 반영시켜야 한다는 점을 강조하고 싶다.

● KTX역을 도시의 핵심거점으로 개발하자

우리나라 KTX 열차가 정차하는 주요 도시의 역을 한번 살펴보자. 서울역, 용산역, 광명역, 오송역, 대전역, 김천·구미역, 동대구역, 신경주역, 울산역, 천안·아산역, 부산역, 익산역, 전주역, 광주송정역, 목포역, 순천역, 여수역, 강릉역….

이 중 서울역, 용산역, 동대구역을 제외한 모든 역은 단순히 열차의 정차와 승객의 승하차 기능만 하는, 그야말로 단순한 철도 역사의 기능만 하고 있을 뿐이다. 두 개 도시의 이름이 들어간 김천·구미역, 천안·아산역과 일부 지방 KTX 역들은 아예 해당 도시의 주요 생활권과는 전혀 동떨어진 곳에 역사만 휑뎅그렁 서 있는 기이한 모습을 보이고 있다.

가장 많은 투자비를 들인 광명역도 수도권 집중 억제 논리에 따라 서울역이 아닌 광명역을 수도권의 중추적인 KTX역으로 육성한다는 당초 취지와는 다르게 규모에 걸맞은 역할을 하지 못하고 있다. 그나마 서울역과 용산역, 동대구역도 민자역사란 이름으로 판매시설만 부가적으로 설치된 정도에 지나지 않는다.

우리가 흔히 많이 비교하는 이웃 일본의 경우를 보자.

신칸센이 정차하는 동경, 나고야, 교토, 신오사카, 후쿠오카, 삿포로역뿐 아니라 오사카역 등 기존의 철도역들도 철도역이라는 느낌이 들지 않고 각종 업무시설과 호텔, 쇼핑센터 등의 상업시설과 생활 편의시설, 교통 환승시설이 집약된 도시의 중심권역으로 탈바꿈했다.

또한 철도역 주변의 대부분 구역들은 지하 공간이 서로 연결되어 있을 뿐 아니라 이들 지하공간 자체가 거대한 도시의 새로운 영역으로 기능하고 있음을 볼 수 있다. 이러한 개발사업에 일본의 철도 운영회사가 주도적으로 또는 공동으로 참여함으로써 철도 경영 상태에도 선순환적인 역할을 하고 있는 것이다.

영국 런던의 유로스타 출발역인 St Pancras Station이나 독일 베를린 중앙역의 경우도 단순히 역사 건물뿐 아니라 주변 지역까지 통합 개발을 체계적으로 추진하여 도시의 새로운 개발 축으로 부상하고 있다.

우리나라는 최근까지도 주택 문제 해결에 중점을 두고 신도시 건설에 치중하는, 소위 Urban Sprawl 현상을 가중시키는 정책을 추진해 왔다. 선진국의 경우를 보면 Urban Sprawl 현상의 문제는 단순히 생활권의 광역화로 인한 교통 이동 거리의 연장이나 막대한 광역 교통시설 투자와 같은 문제뿐 아니라 지구온난화의 최대 주범인 이산화탄소 증가와 함께 최근에는 인구 감소로 인한 신도시 공동화 현상이라는 새로운 도시 문제까지 유발하고 있다. 우리나라는 OECD 국가 중에서도 이산화탄소 증가율과 1인당 발생량이 가장 높은 나라 중 하나다. 뿐만 아니라 인구 감소 속도도 가장 빠른 나라이다. 그럼에도 불구하고 그동안 도시의 외연적 확대에만 치중해 왔다. 이제는 발상의 전환을 통해 그 어느 나라보다 과감하고도 획기적인 대안을 마련해야 할 상황이다.

1898년 영국의 도시계획 학자인 Ebenezer Howard 경은 자족 기능을 갖춘 계획도시로서의 중심도시와 이를 둘러싼 위성도시들을 철도와 운하, 도로로 연결하는 Garden City 개념을 To-Morrow: A Peaceful Path to Real Reform에서 제시했다. 이러한 Howard 경의 Garden City는 인류평등주의적 관점의 도시계획으로 평가되고 있다.

도시가 기본적으로 필요로 하는 공간을 확보하기에 가장 좋은 위치에 있을 뿐만 아니라 접근성이 편리한 KTX 역을 중심으로 Howard 경이 제안한 철도 중심의 자족도시인 Garden City를 만든다는 이상을 꿈꾸면서 현실적으로는 압축된 복합 기능의 도심 개발축으로 개발하여 주택 문제, 교통 문제의 해결은 물론이고, 기업의 유치를 통해 우리나라의 도시 경쟁력을 세계 도시 수준으로 끌어올리는 미래지향적인 과감한 발상을 할 필요가 있다는 제언을 해본다.

서울의 경우라면 용산 철도정비창 부지의 개발 수준이 아니라 서울역-용산역-노량진역-영등포역까지의 철도 벨트를 지상과 지하 공간으로 모두 개발한다면 신도시 수준의 개발 잠재력을 도심에서 충분히 찾을 수 있을 것이다.

● 열정은 가지되 차분하게 추진해 보자

다만 여기에 꼭 생각해야 할 부분은 절대 서두를 일이 아니고 계획 수립 과정부터 중앙부처와 지방정부, 주민들 모두의 의사를 수렴하면서 차근차근 진행해 나가야 한다는 점이다. 철도 용산 정비창 개발 구상은 필자가 철도청장이던 2003년 당시 이명박 서울시장과 협의하여 검토를 시작하였으나, 무리하고 조급한 추진 때문에 15년 가까운 시간을 분쟁과 소송으로 보내다가 최근에야 겨우 기본 구상을 새로이 다듬고 시작의 발걸음을 떼고 있다.

이 부지에 들어설 건물의 연면적만도 여의도 면적에 버금갈 정도의 대규모 도시개발사업이다.

이웃 일본에서 도시개발사업이나 도시재생사업의 대표적 사례로 거론되는 도쿄의 롯폰기 힐스는 민간개발 사업자인 모리빌딩이 시행했다. 연면적 380,105m²의 사업지에 업무시설과 상업·숙박·주거시설이 망라된 도심재생사업인데, 거주하고 있던 주민들의 설득에만 17년이 걸렸기에 갈등 없이 성공적으로 사업을 마무리할 수 있었다.

역시 모리빌딩이 롯폰기 힐스 인근에 2024년 1월 낡은 도쿄 도심을 바꾸는 초고층 첨단 복합단지로 개발한 아자부다이 힐스는 1989년 재개발조합이 설립된 후 무려 34년의 시간이 걸렸다.

법적으로는 토지주의 3분의 2가 동의하면 추진할 수 있지만 사업주인 모리빌딩은 90%의 동의를 얻으려고 오랜 시간 공을 들였다. 동의를 받는 데는 오래 걸렸지만 이후 과정은 일사천리였다. 2017년 일본 정부의 국가 전략 특구 프로젝트로 진행되어 6년 만에 완공하였다.

"녹지와 나무, 새, 곤충이 함께 모이는 녹색의 미래형 도시"를 캐치프레이즈로 내건 아자부다이 힐스에는 전체 면적 8만 1,000m² 가운데 녹지가 24,000m²이다. 그러면서도 일본의 주요 벤처 캐피탈 70곳을 한곳에 모은 '도쿄 벤처 캐피탈 허브'가 있고, 일본 최고의 330m 초고층 빌딩을 중심으로 업무시설과 주거뿐 아니라 호텔, 학교, 병원, 미술관, 쇼핑거리, 상가 등을 망라한 전형적인 컴팩트 시티, 복합개발의 대표 사례로 자리매김하고 있다.

드디어 본격 착공하는 용산 철도정비창 부지 개발사업도 야심 차게 추진되고 있다.

과거 KTX 건설 과정에서 겪었던 시행착오를 반면교사로 삼아 서울역을 필두로 전국의 KTX역을 미래의 새로운 도심의 핵심축으로 개발하는 구상을 차분하지만 열정을 가지고 추진해 볼 필요가 있다고 본다.

미완의 KTX,
한반도 종단 KTX로 완성하자

04

📍 제대로 그리지 못했던 KTX의 꿈

착공까지 무려 20여 년, 착공 후 2004년 1단계 개통까지 무려 12년, 그로부터 11년 후 2015년 호남고속철도 전 구간 운행, 뒤이어 2017년 서울-강릉 간 고속철도 운행이 개시되어 무려 50년 만에 우리나라의 고속철도 대장정이 크게 일단락되었다고 볼 수 있다.

그러나 지금까지 살펴본 대로 그 과정은 정말 험난했고 우여곡절이 많았다. 때문에 지금까지도 어느 노선 하나 처음부터 끝까지 고속 신선 건설이 이루어진 곳이 없고, 아직도 곳곳에서

부족한 부분을 손봐야 하는 형편이다.

그동안의 시행착오를 겪으며 우리 사회도 전반적으로 이런 대형 사업을 보는 시각도 많이 달라졌고 전문성도 높아졌다. 이제부터는 새로운 비전을 가지고 미래를 대비해야 할 때라고 본다.

비록 서울-부산 간의 경부선 고속철도는 우여곡절을 겪었지만, 미완의 구간 북한을 연결하는 새로운 한반도 종단 고속철도의 꿈을 꾸어야 한다. 그리고 이 꿈은 그간의 시행착오를 되풀이하지 않는 멋진 꿈이 되도록 해야 할 것이다. 한반도 종단 고속철도라고 하면 대부분 허황된 소리, 또는 북한에 대한 퍼주기라는 비난부터 하는 경향이 있는데, 한반도 종단 고속철도는 지극히 현실적이면서도 냉정한 접근이 필요하다. 이런 관점에서도 꼭 해야 할 당위성이 충분한 사업이다. 당위성에 대해 살펴본다.

📍 한반도 종단 철도 건설의 타당성

먼저 우리나라는 반도 국가이나 지정학적 이유로 사실상 섬나라이다. 해양 세력과 대륙 세력이 맞부딪치는 한반도는 지난 50여 년간 지정학적 어려움을 뚫고 급속한 경제성장과 정치적 민주화를 동시에 이룬 전 세계 역사에서도 유례없는 발전 모델을 이루었는데, 그 원인 중 하나가 섬나라와 같은 상황에서도 해운과 항공의 뒷받침이 있었기 때문이다.

만약 철도가 중국이나 러시아 철도와 연결된다면 북한은 물론 중국의 북경까지, 러시아의 연해주까지 사실상 우리 경제권과 1일 생활권화하여 정치·경제·사회·문화 전반에 걸쳐 대변혁이 일어날 수 있기 때문에 첫 번째 당위성이 있다.

다음으로는 처음의 실마리를 풀기 쉽지 않은 여건이지만, 서울-개성-평양-신의주 구간을 우리 정부가 고속철도로 연결해 줄 수 있다는 담대한 대안을 제시하면서 북한 핵 문제를 협상의 장으로 끌어낼 경우 한반도의 안정에도 획기적 전기를 만들 수 있기 때문이다. 북한은 핵을 절대 포기하지 않을 것이란 전망이 지배적이지만, 최소한 고속철도 건설 제안 정도를 하면서 남북 간의 대화의 물꼬를 틀 필요는 있다고 생각한다. 작은 가능성이라도 있다면 시도는 해봐야 한다는 것이 두 번째 당위성이다.

그리고 이런 제안이 북한에 대한 퍼주기라는 비난은 현실을 전혀 모르고 하는 감성적 주장에 지나지 않는다는 것이다. 국제 관계는 냉철히 따져봐야 한다. 북한 철도의 현대화를 위한 중국의 제안은 상당히 구체적이고 현실감이 있다. 이미 중국은 북한 접경 지역까지 고속철도를 건설·운영하고 있고, 일대일로 정책에 따라 북한에 고속철도를 건설하는 일은 동남아나 다른 국가와의 사례에서도 보다시피 어려운 과제도 아니다. 다만, 북한이 그 득실을 따지고 있어 성사가 되고 있지 않을 뿐이다.

만약 중국 자본과 기술로 북한 고속철도가 중국과 연결될 경우 우리나라는 사실상 지정학적 섬나라로 존속해 나가야 할 우려가 더욱 커질 것이다. 그러지 않기 위해 우리가 먼저 우리 자본과 우리 기술로 북한 철도의 연결을 제안해야 할 것이다. 우리 자본과 우리 기술로 건설할 경우, 북한에 대한 일방적인 퍼주기가 아니라 남북 모두에게 유리한 사회간접 자본확충의 바람직한 모델이 될 것이라는 것이 세 번째 당위성이다.

북한 철도 현대화의 세 가지 방안

끝으로 만약 우리 자본으로 건설한다면 그 막대한 예산을 누가 감당하겠느냐는 비난에 대한 답변인데, 이는 전혀 기우에 지나지 않는다고 해야 마땅할 것이다. 북한 철도를 현대화하는 방안은 첫 번째로 기존 철도를 시속 30km 수준으로 단순 개량하는 방안, 두 번째로 기존 철도를 현대적 수준의 일반 철도, 즉 시속 100km 정도 운행 수준으로 개량하는 방안, 세 번째로 시속 250~300km 수준의 고속철도를 건설하는 방안이다.

북한의 철도는 1910년대 일본이 만주를 침공하기 위한 군사적 목적으로 사실상 1년여 만에 건설한 것으로, 만약 우리가 기존 철도를 그냥 개량하는 수준을 제의한다면 오히려 진정성을 의심받게 될 것이며 절대 해서는 안 되는 제안이라고 생각한다.

두 번째 대안은 현 북한 철도의 현상을 고려한다면 사실상 전면적으로 신선을 건설하는 것과 마찬가지의 약 10조 원가량의 투자비가 소요된다. 그럴 바에는 약 14조 원 내지 15조 원이 소요되는 세 번째 고속철도의 건설 제안이 훨씬 합리적이고 수용 가능성이 큰 대안이 될 것이다.

15조 원의 사업비가 작은 규모는 아니지만 사업 기간을 최단 5년으로 잡을 경우 연간 3조 원, 우리나라 고속철과 같이 재정 50%, 기채 50% 수준으로 할 경우 우리 정부가 연간 1조 내지 1조 5,000억 원만 부담하면 된다. 이는 한반도 긴장 완화나 남북 경제 교류로 인한 총체적 효과를 감안한다면 충분히 감내할 수 있는 수준이라고 판단된다.

● 원점으로 돌아가 버린 남북 철도 협력

중요한 사실은 북한도 우리나라의 고속철도 건설 지원을 바랐다는 정황이 있었다는 점이다.

"문재인 대통령과 김정은 북한 국무위원장의 역사적 만남을 계기로 이끌어 낸 '4·27 판문점 선언'에서 남북 경제협력 내용 중 남북 철도의 복원이 가장 처음 언급된다. 일각에선 그 배경에 방남 당시 김여정 부부장이 경강선 KTX 시설에 깊은 인상을 받았기 때문이라는 후문도 전해진다. 강릉행 시승 열차를 타며 북한의 동계올림픽 참가를 기원했던 문재인 대통령의 뜻도 경강선

철도의 완벽한 지원으로 북한의 참가를 일궈내며 사실상 남북정
상회담의 단초를 제공했다는 분석도 제기된다(뉴스1 김희준 기자
2018. 05. 07 기사)."

그러나 너무 아쉬웠던 점은 이러한 구상을 실천할 구체적인
계획이 사실상 없었다는 점이다. 이렇게 거대한 합의를 하고서
도 그 이후 우리 정부는 북한 철도 현대화에 대한 우리 스스로의
구체적 계획도 없이 행사 개최에만 집중했었다는 점이다. 북한
의 탐탁잖은 반응에도 불구하고 2018년 12월 26일 남북 철도
착공식이라는 애매모호한 성격의 행사를 하긴 했었으나 후속 조
치는 사실상 없었다.

국민 모두가 아는 사실은 2000년 6월 15일 김대중 대통령
시절 남북공동선언에 따라 경의선 철도(서울-신의주), 도로(문산-
개성)와 금강산 관광을 위한 육로와 해로 연결을 이미 합의하였
었다는 점이다.

2002년 당시 건설교통부 수송정책실장이었던 필자는 경의
선 철도, 도로 연결 사업과 금강산 육로 연결 사업의 실무책임자
로서 2002년 9월 18일 당시 도라산역에서 김대중 대통령 주관
의 경의선 및 동해선 철도·도로 연결 착공식을 직접 담당했었다.

그 이후 경의선 구간의 문산-개성 간 27.3km의 철도와
12.1km의 도로를 개설하여 개성공단의 운영에 이용하고 있었
음에도 더 이상의 구체적 계획을 제시하지 못했을 뿐 아니라 그
이후의 남북 관계는 더욱 악화되기만 하여 이제는 실낱같던 경

의선 철도·도로 연결 구간마저 폐쇄된 것이 오늘의 상황이다.

이렇게 된 책임은 남북의 어느 한쪽에만 있는 것은 아니라고 생각한다. 그러나 서두에서도 언급했지만 우리 스스로가 고속철도나 인천국제공항 같은 세계적인 프로젝트를 성사시키는 과정에서 얻은 지혜나 전문성, 그리고 그 과정에서 키워 놓은 전문 인력들을 전혀 활용하지 못하고 우왕좌왕하다시피 하는 모습은 정말 안타깝기만 할 따름이었다.

단순한 고속철도가 아닌 북한 국토 대개혁 수준의 제안을 해보자

앞서 우리나라의 KTX 역을 도시의 핵심 거점으로 개발해 나가자는 제언을 하였다. 만약 우리가 지금 고속철도를 계획하는 단계라면 필자는 고속철도 건설을 뛰어넘는 훨씬 과감한 제안을 할 것이다.

산업혁명 이후 선진도시들은 철도 중심으로 도시와 국토를 계획하고 발전시킬 수밖에 없었다. 지속 가능성을 중심으로 하는 오늘날 산업혁명 당시와 이유는 다르지만 철도와 대중교통 중심의 교통, 도시, 국토 정책이 다시 각광을 받고 있다. 도시만 하더라도 과거와 같은 토지의 용도에 따른 개발이 아닌 철도와 같은 교통 요충지를 중심으로 한 압축개발, 복합개발의 구상이 자연스럽게 받아들여지고 있다. 그러나 이미 오랜 기간 Zoning System이나 Urban Sprawl 현상이 지배하고 있는 곳에서는 점진적인 개선을 해나갈 수밖에 없다.

그러나 대상을 북한으로 본다면 훨씬 과감하게 한 시대를 뛰어넘는 발상을 해볼 수 있을 것이다.

북한에 고속철도 중심의 기간 교통망을 건설하고, 고속철도 통과 도시의 역사를 중심으로 압축, 복합개발의 거점 개발을 하며 이들 도시의 개발을 모두 AI와 무인 자율자동차, UAM 등이 체계적으로 연계된 Smart City로 계획하는 것이다.

북한의 사회구조는 국가 주도 계획경제 시스템의 속성상 공동체적 요소가 많다. 경제 단위인 공장, 농장, 기업이 중심이 되어 소속원들의 의식주는 물론 주거, 교육, 보육까지 책임지기 때문에 정치적 요인을 제외하고 본다면 직주근접의 공동체 사회이므로 우리가 지향하는 복합개발의 구조를 이미 사회 곳곳에 내재하고 있다고 볼 수 있다. 더불어 교통 시스템도 아직까지 개별 승용차보다는 트롤리버스 등의 대중교통 중심일 수밖에 없어 우리나라보다 훨씬 더 이상적인 수준의 교통계획, 도시계획을 해볼 수 있는 여건이라고 할 수 있다.

이런 과제들이야말로 그동안 우리 정부와 기업들이 고속철도 같은 우리나라 자체의 대형 프로젝트를 수행한 경험뿐 아니라 세계 무대에서 쌓아온 경험과 실력을 오롯이 펼쳐 보일 수 있는 場이 될 것이다. 이런 과정이 과연 '북한에 퍼주기'에 지나지 않을까?

고속철도를 매개로 펼쳐지는 북한 대개조 프로젝트는 남과 북이 하나가 된다는 정서적 공감대 외에 남과 북의 경제체제를 상호 보완하며 함께 발전하는 원대한 구상의 시작이라고 볼 수 있을 것이다.

한반도 종단 KTX를 계기로 펼쳐 볼 수 있는 한반도의 미래다.

● 다시 한번 한반도 종단 KTX 건설의 담대한 제안을 하자

남북 간의 협의나 협상은 그 어느 나라의 경우보다 복잡하고 쉽지 않은 구조일 것이다. 우리가 원한다고 할 수 있는 일도 아니다. 그러나 KTX의 경우 우리는 여러 가지 시행착오를 이미 많이 겪었다.

200년에 걸친 철도 역사를 가진 선진국들보다 더 드라마틱한 경험을 했었다. 때로는 순탄한 성공 스토리보다 우리의 힘들고 지난했던 시행착오의 경험이 상대편에게 더 진솔하고 효과적으로 와닿을 수 있다.

지금은 사실상 모두 무산되었다고 볼 수 있는 개성공단, 금강산관광, 경수로 건설 사업들은 모두 한정된 지역 범위 내에서 이루어졌었다. 그럼에도 불구하고 북한 사회에 미친 영향은 상당히 컸던 것으로 평가된다.

고속철도의 경우는 한정된 지역 범위 내에서 할 수 있는 사업이 아니다. 고속철도가 지나가는 노선 주변과 핵심 도시 전부에 영향을 주는 사업일 뿐 아니라 남북 간 사람과 화물의 이동으로 인하여 정치, 경제, 사회, 문화 모든 부문에서 직·간접적인 영향을 끼칠 수밖에 없게 된다.

군사적 긴장 완화는 필수적일 수밖에 없다는 것을 개성공단과 금강산 관광에서 이미 체험했었던 부분이다.

남북 관계의 긴장을 완화할 수 있는 방안은 많을 것이다. 그러나 필자는 개성과 평양, 신의주를 잇는 고속철도의 연결을 통한 한반도 종단 KTX의 건설이야말로 쌍방 모두에게 가장 영향력과 효과가 큰 대안이라고 생각한다.

근래 우리나라는 여러 외국 시장에 고속철도 건설을 타진하고 있을 정도로 고속철도 분야에서는 어느 정도 자신감을 가지고 있는 상태이다. 하물며 외국에까지 그러한 제안들을 할 정도인데 남북 관계 개선을 위한 한반도 종단 고속철도 제안은 어디에서도 들리지 않는 것이 필자는 답답하고 이상하다. 북한의 태도 변화를 전제하기 이전에 우리가 먼저 태도 변화의 단초를 제공해 볼 수는 없을까? 한반도 종단 KTX 건설을, 우리 정부가 주도해서 해주겠다는 담대한 제안을….

KTX 개통 20주년을 맞아 북한 고속철도를 연결하는 꿈을,

그것도 우리가 겪은 시행착오를 되풀이하지 않는 멋있는 꿈을 실현시킬 수 있길 바랄 뿐이다.

경부선과 경의선의 연결 구상이 가시화된다면 경원선, 동해안선의 연결까지 추진함으로써 한반도뿐 아니라 동북아시아의 정치적·경제적 지형을 바꿔 볼 수 있다는 기대를 해본다. 필자는 2004년 4월 1일 KTX 개통 당시 관계자들과 한반도종단 KTX를 계획하고 건설하는 꿈을 지금도 꾸고 있다.

공직 생활 내내, 그리고 지금까지 인생의 사표가 되어 주셨고 기꺼이 초고를 봐주시며 여러 조언을 해주셔서 완성도를 높여주신 강동석 장관님, 5년여 동안 불철주야 고속철도 업무를 함께했고, 당시 이관했던 자료들을 국가기록원, 대통령 기록관에서 수개월에 걸쳐 찾고 정리해 준 김영우 박사, 졸필의 원고를 2년여 동안 워드 파일로 정리해 준 사무실의 조인희 씨에게 감사를 드린다.

그 바쁘고 힘들었던 시간을 묵묵히 지켜봐 주고 성원해 줬던 아내 승희, 딸 지연과 사위 정호, 손녀 태이. 지난 2년여의 집필 과정에서 가족의 소중함을 새삼 느꼈다.

졸고를 출판까지 이끌어 준 중앙일보 강갑생 국장, 팜파스의 이지은 대표, 이진아 실장님께도 감사를 드린다.

한국고속철도,
KTX 탄생의 여정

초판 1쇄 발행 2024년 10월 31일

지은이 김세호
펴낸이 이지은 **펴낸곳** 팜파스
진행 이진아 **편집** 정은아
디자인 조성미
마케팅 김민경, 김서희

출판등록 2002년 12월 30일 제 10-2536호
주소 서울특별시 마포구 어울마당로5길 18 팜파스빌딩 2층
대표전화 02-335-3681 **팩스** 02-335-3743
이메일 daerimbooks@naver.com

값 22,000원
ISBN 979-11-7026-672-3 (03300)